U0111482

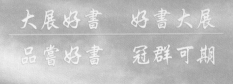

大展好書　好書大展
品嘗好書　冠群可期

大展好書　好書大展
品嘗好書　冠群可期

武術特輯

72

李子鳴傳

梁式直趟八卦六十四散手掌

張全亮　編著

大展出版社有限公司

目　錄

李子鳴傳——梁式直趟八卦六十四散手掌

關於李子鳴傳梁式 直趟八卦六十四掌

武術界都知道八卦掌是轉著圈練的，但可能還有很多人不知道有直趟往返練習的八卦掌。

直趟八卦六十四掌，是董海川的入室弟子劉德寬先生創編的。董海川先師門下弟子眾多，但多是帶藝投師，所以董海川在授徒時，除了傳授八個基本掌法（定式八掌、老八掌）以外，其餘都是因人施教，根據每個人的不同情況傳授不同的攻防招法。

董海川逝世以後，劉德寬將這些招法收集起來，按《易》變之理創編成直趟八卦六十四掌。此套路共分八趟，每趟八式，共計六十四掌，每趟都以老僧托鉢起勢和收勢。為什麼要創編直趟八卦掌呢？據說，當時劉德寬先生在軍隊擔任武術教官，直趟往返練習的拳術比轉圈練的拳術既節省場地、又便於集體演練。

此套路因係劉德寬先生創編，所以，後人稱之為「劉式八法」或「劉式六十四掌」；又因為其表現形式為直趟往返練習，所以通稱為「直趟八卦掌」；直趟八卦掌因是由六十四個散手招法組合而成，全稱也叫「直趟八卦六十四散手掌」。

劉德寬先生係河北省滄州人，自幼習武，善於博採眾長，以練大槍出名，故人稱「大槍劉」。清代同治末年，他應內蒙古親王聘至京城，當時董海川、劉士俊、楊露禪

三位武術大師都設教京城，劉德寬先生便師從董海川學練八卦掌；師從劉士俊學練岳式散手；師從楊露禪學練太極拳。他不拘一格，勇於創新，以戰法增益了槍法。他在岳式散手的基礎上創編了「八路岳式連拳」，在八卦散手基礎上創編了「直趟八卦六十四掌」。

劉德寬是我國武術史上成就輝煌、貢獻突出的武術大家。國內外八卦掌門人學練劉式直趟八卦六十四掌的人很多，但因師傳和理解上的不同，練出來的風格特點也不盡相同。在北京地區流傳的劉式直趟八卦六十四掌，影響較大，有代表性、但又有截然不同風格特點的有兩種套路。

一是郭古民、李子鳴先生承傳下來的，一是楊宇廷、王培生先生承傳下來並經過王培生老師加工修潤的。我先後師從李子鳴、王培生兩位恩師，學練過他們傳授的兩種不同風格的「直趟八卦六十四掌」，並且多年堅持練習。

在實踐中我深深體會到，這兩種不同風格特點的直趟八卦六十四掌，雖然風格特點不同，但在健身、技擊與藝術趣味方面，都有獨到之處，都各有千秋，有很高的保留和傳播價值，都是值得大力推廣、世代流傳的優秀套路，是武術百花園中的奇葩。

為了促進民間武術交流，推動傳統武術的發展，落實國家的百花齊放、百家爭鳴的方針，使武術走向世界，為振興中華服務，我擬將這兩種不同風格特點的「直趟八卦六十四掌」分別整理出來，奉獻給國內外廣大八卦掌愛好者和武林同道。

現將李子鳴老師所傳的「直趟八卦六十四掌」介紹如下：

李子鳴老師所傳的直趟八卦六十四掌，係已故八卦掌第二代名師梁振蒲先生所傳。梁振蒲先生是董海川的得意弟子，一生苦練勤悟，盡得董先師之真傳，八卦掌功夫純厚，武功登峰造極，爐火純青，在武林中流傳著很多神功軼事。

梁振蒲和劉德寬過從甚密，所習之「直趟八卦六十四掌」係劉德寬先生親傳，保留著八卦掌的古樸風貌。此套路簡捷、樸實無華、美觀大方、技擊性強，無修飾、無虛招，形如幹枝開梅，勢如秋風掃葉，招如電閃雷鳴。且易教、易學、易練、易用、易效，以剛見長，剛柔相濟。

梁振蒲先生將此套路原汁原味地傳授給其得意弟子郭古民與李子鳴，二位前輩又原汁原味地傳授給後人，流傳至今。

直趨八卦六十四掌的練與用

預備勢

【要領】：

面南背北（方向也可根據場地而定），端然恭立，周身骨節放鬆，謹遵如下口訣：

頭虛領、項鬆豎、肩拉沉、腋虛撐、肘垂懸、背圓拔、胸空暢、腰實收、閭中正、臀溜裹、襠撐吊、膝微屈、足含空、趾抓地、舌頂顎、口輕閉、神內斂、目平視、心平穩、鼻呼吸、立如鬆、勢如岳、神如電、意無敵（圖1）。

起勢　老僧托鉢

【要領】：

由預備勢，左腳不動，右腳向前踏出一步，左腳微跟，右腳直，左腳斜，左腳與右腳中線成 45°角。兩腳距離為兩腳的長度；周身放鬆，氣沉丹田，重心偏左（前腳四成，後腳六成）；同時，兩手前伸，與鼻尖同高，右手掌心向上，

圖1

李子鳴傳——梁式直趨八卦六十四散手掌

左手掌心向下，橫置於右肘下；鬆肩墜肘，含胸拔背，溜臀提肛，兩臂圓曲，虎口撐圓，下顎微收，兩膝屈蹲而合住勁，周身鬆靜自然；兩眼凝神注視右掌前方（圖2）。

圖 2

【要點】：

伸左手與進右腳同時進行，落右腳與右手反背前穿或擊打同時進行，要注意鬆腰坐胯，頭頂項豎，氣沉丹田。

【歌訣】：

老僧托鉢陰陽掌，手腳齊到敵難擋，

左穿右來右穿左，穿得對方面後仰。

註：老僧托鉢式，可左右換練，既是六十四掌每趟的起勢，又是轉呈之勢，又是收勢，同時是八卦掌遞手過招的遞手勢，可衍生出各式各樣的技術動作，是常見的出手應招的出手勢。

【妙用】：

設對方以右掌向我進攻，我速進右腳，左腿屈膝下蹲，同時用左手俯掌下按對方進攻之右臂，右掌同時仰掌快速前穿對方鼻目。對方必躲閃後仰，如我之進身跟步、按臂、穿掌，同時猛進，可把對方穿倒，或致其重傷（圖3、圖4）。

圖 3

圖 4

李子鳴傳——梁式直趟八卦六十四散手掌

第一趟

第一掌　進步挑掌

【要領】：

繼起勢。左掌邊外旋，邊從右肘下面向前、向上穿挑，前臂直立，掌心向後，掌背向前，意欲摸天；在左掌穿挑的同時，微向右轉腰，同時活右足，左足隨向右足前上一大步，右足同時再跟進半步，屈膝，自然下蹲；同時，右掌自上抽回，自

圖 1-1

胸前內旋，用掌心向前推按，與胸同高；眼神注視右掌，意念在左掌（圖1-1）。

【要點】：

右腳向前活步，左腳進步，右腳跟步，和左掌之穿挑，右掌之前按，要同時進行，完整一氣，上下相隨，內外如一。挑掌與按掌動作要上下分掙，迅猛冷炸，穿挑之掌用六成力，按踏之掌用四成力，穿挑、按踏時要鬆肩、鬆腰、鬆胯，不可探身前傾，要中正安舒、圓滿無缺。

【歌訣】：

　　進步挑掌挑打劈，

　　絆住對方往後推，

　　一挑一劈陰陽掌，

　　前腳先進後腳隨。

【妙用】：

　　接上勢。設對方以右手
穿帶我之右掌，或以右手擊
我頭部，我速以左手上托敵
之右臂，右掌同時下劈，在
兩掌穿挑下劈的同時活右

圖 1-2

腳，進左腳，再跟右腳，以助其力（圖 1-2、圖 1-3）。

圖 1-3

第二掌　獅子滾球

【要領】：

繼前勢。左腳略向左跨，右腳向右前斜上一步；同時，右掌外旋，手心斜向上，左掌內旋，掌心斜向下，兩掌上下相對，左掌在上，右掌在下，如抱一圓球；隨步法之變化，全身上下一致向前擁滾，兩臂前伸，高不過頭，身微向左旋；眼看右掌（圖1-4）。

圖1-4

【要點】：

兩臂向前伸，但不可伸直，兩手抱球滾進，必須用身法，不可呆滯。

【歌訣】：

獅子滾球閃中正，穿掌含胸提足行，

落步撞掌使胯打，手腳齊發後足蹬。

【妙用】：

設對方用左手推我右臂，我則速向左跨步，以左掌擋住對方右臂，右掌外旋畫圓反搭其腕；同時，側身進右步，落於對方右腳跟處，跟左步，用右胯發力，全身一致向前擁撞，用雙掌挫撞對方肩與胸部（圖1-5、圖1-6）。

圖1-5

圖1-6

李子鳴傳──梁式直趟八卦六十四散手掌

圖1-7　　　　　　　　　　　圖1-8

第三掌　纏手挓撞

【要領】：

繼上勢。以腕為軸，用右手小指外緣，在前方反時針方向纏勾一小圓；同時右腳往後撤，腳尖著地；左手附於右腕內側，再連續用右腕骨背向前撞擊；同時，進前步，跟後步，步型不變，鬆胯沉身；眼注視右手腕骨（圖1-7、圖1-8）。

【要點】：

旋繞時右臂不可伸直，手腕要靈活，要以身帶臂，以臂帶手，纏繞坐身撤右腳，要協調一致，同時進行。向前撞擊時，要手腳齊到，以腰發力，圓整不滯。

【歌訣】：

纏手挓撞側身行，拳擊掌推後足蹬，

頭打落意隨足走，手隨步開側身靈。

【妙用】：

由上勢，設對方退步，以左手捋我右腕，我順勢以右手腕向內纏壓對方左手腕，左手相助，同時撤左足，再進右腳跟左腳，以右手腕背之鵝頭拳向前直擊，步隨手進，以拿、打、擁三法合一，也可向前直接撞打，不纏壓對方左腕（圖1-9、圖1-10、圖1-11、圖1-12）。

圖1-9

圖1-10

圖 1-11

圖 1-12

圖 1-13

第四掌　臥虎跳澗

【要領】：

繼上勢。右手握拳，由前向後運擺；同時右腳跳起做震腳，左腳向前上步；右拳隨之運擺至右斜上方，由右斜上方向前下撞擊，拳眼向下，與頭同高；在撞擊時，右腳同時向前跟步；左手在右拳向後運擺時，橫掌向下切按，與震腳同時進行，在右拳下截撞擊時，自然向上回掛至右臂彎內側；目視右拳前方（圖 1-13）。

【要點】：

左掌之切按，要與右拳之擺動、右腳之震踏、左腳之上步同時進行。右拳之截撞，左手之回掛，要合力一致。整個動作要上下協調，要以腰為主宰，要神形若一。右手不可抬高，要擊、撞、擁三法合一。

臥虎跳澗縱身行，
挒腕蹦跳拳擊胸，
手到腳到腰腿到，
手腳齊到身要擁。

【妙用】：

接上勢。對方以右手外領我之右掌，我即以左手搓按對方之右腕，右手回抽，同時震右腳，右拳隨之再由右上方向對方面部沖擊，拳

圖1-14

背向裡，左手隨收回至右臂彎內，一是為了封避對方，二是為了求兩手之合力（圖1-14、圖1-15）。

圖1-15

直趟八卦六十四掌的練與用　21

圖 1-16

第五掌　肘底進捶

【要領】：

繼前勢。兩腳不動；左掌從右肘下外旋穿出（掌心斜向外），停於左額前，右拳隨之外旋（拳眼向上），從左肘下向前沖打（高與腰平）；在打右拳的同時，左腳向前進一小步，右腳向前跟步；目視前方（圖 1-16）。

【要點】：

發拳與進步要協調一致，同時進行，立肘要向下鬆沉，進捶身要前擁，勁力要整。

【歌訣】：

肘底進捶上立樁，進步絆腳把肩扛，

手到腳到腰用力，鑽身屈肘肋下傷。

【妙用】：

接上勢。設對方吸右胯、後撤右腳，同時用左手推化我之右拳；我之右肘後抽，左臂上穿立肘，鑽化對方之左上臂，隨之進左步，跟右步，同時以右拳擊對方之左肋（圖1-17、圖1-18）。

圖1-17

圖1-18

圖1-19

第六掌　反臂劈捶

【要領】：

繼上勢，向左轉腰；左臂內旋下扣（拳心向下），右拳從左肘下翻背向前，用拳背擊打（拳背向下），與下顎同高，左拳附於右肘內側，在翻右拳前擊時，左腳向前進一步，右腳隨跟，步型不變，重心在右腳；目視前方（圖1-19）。

【要點】：

反臂擊打時要用腰、腿勁，右臂不可伸直。

【歌訣】：

反臂劈捶打印堂，引進落空敵難防，

屈肘滾力撐拳使，反臂捶下面孔傷。

【妙用】：

接上勢。對方用左手向外推我之右拳，或對方雙手向下壓我左臂，我鬆肩，前臂內旋，向下卸其力，使其落空，同時右腳微撤，虛左足，左掌下滑畫圓叼拿對方左腕，隨之，進左腳，跟右腳，右臂外旋，右拳由胸前掏出，反臂劈打對方門面（圖1-20、圖1-21）。

圖1-20

圖1-21

圖 1-22

第七掌　雙鞭壓肘

【要領】：

繼前勢。右腳向右後撤一步，重心後移，呈右弓箭步；在撤右腳的同時，右拳變掌，在前方做一順時針方向旋轉，叼拿對方之右手腕，隨右弓箭步式旋拉至右肋前；同時，左掌變拳，折肘，邊外旋邊向下、向前、向右後方順時針方向用左前臂向下滾壓對方右臂關節處，左臂伸至左前下方，拳心向上，兩手配合使用，鬆腰坐胯；目視左拳（圖 1-22）。

【要點】：

右手叼拿後要以腰用力，左臂滾壓，要撐中帶滾、滾中帶壓，壓要鬆胯仆步沉身，與右手之扚旋同時進行，協調配合。做仆步時臀部要收，頭部不可太俯。

雙鞭壓肘把敵抓，

拳擊敵面後手拉，

退步仆腿身下坐，

翻筋錯骨滾力壓。

圖 1-23

【妙用】：

接上勢。設對方用右手
迎拒我之右手；我即以右手
反叼捋住其右腕，同時右腿
向右後撤一大步，以左前臂
撐推滾壓對方之右肘上部，
與右手叼捋引旋配合一致
（圖 1-23、圖 1-24）。

圖 1-24

圖 1-25　　　　　　　　圖 1-26

第八掌　進步截肘

【要領】：

繼上勢。右腿蹬勁立起；左手向上、向左、向下做反
時針方向畫圓，叼手握拳，外旋收於右腰側；在收左拳的
同時，左腳外擺，向左轉身，右腳向左腳前上一步，右手
握住左手腕，向前用前臂立戳（圖 1-25）。

動作不停。兩腳不停，向左後極力擰腰，成左弓箭
步；同時，右肘極力下壓；目視右前下方（圖 1-26）。

【要點】：

左手叼拿要與左腳擺步同時進行，上右腳要與右手握
左腕和右戳肘同時進行，左後轉身要與右壓肘同時進行，
整個動作要協調一致，以腰帶臂。

圖 1-27　　　　　　　　圖 1-28

【歌訣】：

　　進步戳肘掰步捋，上步戳肘邁右足，

　　回身合胯力要整，轉身擰壓令敵趴。

【妙用】：

　　接上勢。設對方以左手推我左腕；我以左手反手抓握
對方左腕，右手助之，一面使小纏一面上右腳，同時立肘
上截對方之左臂，然後迅速向左擰腰回身，用右肘反擊其
臂（圖1-27、圖1-28）。

圖 1-29

△收、起、承轉之式　回身老僧托鉢

【要領】：

繼前勢。起身左腳微動外掰，右腳向左腳前邁進一
步，呈右虛步；同時，右手由胸前掏出，反臂向前擊打；
左手在右反臂擊打的同時，向前於右臂前橫掌下按，呈老
僧托鉢勢（圖 1-29）。

【要點】：

起身活左腳外掰，左掌向胸前橫按，右掌前掏向前反
臂擊打，右腳上步，要連貫進行，手到腳落勢收。

【歌訣】：同圖 2「起勢」（略）

【妙用】：同圖 2「起勢」（略）

圖2-1

第二趟

第九掌　青龍探爪

【要領】：

繼上老僧托鉢勢。右腳外擺，左腳向前上一大步，右腳跟步，重心寄於右腳；在擺右腳的同時，右掌向下、向後擺，左掌向前探出；在上左腳的同時，左掌向下按於腹前，右掌從頭後向前探蓋。掌心斜向前；眼看右掌（圖2-1）。

【要點】：

掰右腳與右手向後運擺要同時進行；上左步與左掌前伸要同時進行；左掌按與右掌蓋要同時進行。三個動作要協調配合，上下一致，既要節奏分明，又要連貫。送右掌

時，身要微向前探，鬆胯、
提肛，氣沉丹田，注意以神
領形。

【歌訣】：

　　青龍探爪迎面撲，

　　撥雲見日走自如，

　　上步合膝絆敵腿，

　　手腳齊到用力撲。

【妙用】：

　　設對方以左手擊我胸部，

圖 2-2

我即掰右腳、進左步，絆住
對方右腳，同時用左手抓住對方之右腕，右手向後運擺，
由頭後向前橫蓋一掌，直撲對方頭面（圖 2-2、圖 2-3）。

圖 2-3

圖 2-4　　　　　　　　　　圖 2-5

第十掌　抹袖連捶

【要領】：

繼上勢。左腳向前上一步，右腳跟步；在上左腳的同時，左手向下、向後回捋置於右腰側，左掌同時順右前臂內側向前抹刷至前方（掌心向下），與腰同高；目視左掌（圖 2-4）。

上動不停。左腳向前進一小步，右腳跟步，落於左腳右後側；在進左腳的同時，左掌回捋，右手握拳，向前直擊，與腰同高，拳眼向上；目視右拳（圖 2-5）。

【要點】：

抹袖動作和先上左腳要同時進行；擊右拳和進左腳要同時進行。擊右拳要收臀、含胸拔背，發勁要整，動作要協調。

抹袖連捶扭步崩，

一直一曲往前行，

手腳與鼻三尖對，

前足先進後足蹬。

【妙用】：

接上勢。設對方見我之探掌，急以左手向下按抓我之右手；我即抽回右手，以左手先穿其面部，復抓其右腕後捋，右手變

圖 2-6

拳，壓對方左臂向前擊打對方胸部（圖 2-6、圖 2-7）。

圖 2-7

圖2-8　　　　　　　　　　　圖2-9

第十一掌　雲龍獻爪

【要領】：

繼上勢。俯左掌，向前、向回平摩至腹前；左腳向前進步；同時右拳收回至腹前變掌，不停，速向上、向前俯掌探出，與頭同高，左掌回掛至胸前；目視前方（圖2-8、圖2-9）。

【要點】：

俯掌平摩時，左腳不動。進左腳和探右掌要同時進行。右探掌要臂微屈，不可伸直。

【歌訣】：

　　雲龍獻爪五指分，手腳齊到往前伸，

　　一直一橫三角手，前腳落地後腳跟。

【妙用】：

設對方以右手外推我右手，我以左手平掃其面，右手

圖 2-10

圖 2-11

回抽，復左手抓捋對方右腕，右掌向前伸出，撲擊對方頭
面（圖 2-10、圖 2-11）。

李子鳴傳——梁式直趟八卦六十四散手掌

圖 2-12

第十二掌　撥雲見日

【要領】：

繼前勢。左腳向前上一步，右腳跟進半步；在進步的同時，左手掌心向上，直臂從右臂下向前、向左撥擠，右掌同時向右下捋拉；目視左仰掌（圖 2-12）。

【要點】：

上左步與伸左臂要同時進行。左掌前伸撥擠，要借右手之力，要力分掙上下要協調。要鬆腰擰胯，兩臂圓曲。

【歌訣】：

　　撥雲見日掌上穿，擰腰坐胯把身翻，

　　蹲身坐膝貼身靠，絆住敵腳往上鑽。

【妙用】：

設對方用左手封我之右手，我速用右手抓捋對方之右腕，向右後下方拉，同時向對方之左後方上左步絆腳，左

圖 2-13

圖 2-14

手隨上左步之勢向左挑撥敵之左上臂，右手鬆開（圖 2-
13、圖 2-14）。

李子鳴傳——梁式直趟八卦六十四散手掌

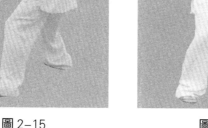

圖2-15   圖2-16

第十三掌　拍胸撲肘

【要領】：

繼上勢。左腳活步外擺；同時，左手內旋外撥；右腳向左腳前上一大步，屈膝下蹲，呈馬步；右臂屈肘，向前水平橫掃，左掌同時與右前臂相互拍撞作響；目視右肘前方（圖2-15、圖2-16）。

【要點】：

左掌外撥與屈右肘、上右步與右肘撞擊都要相互借勢，開合自然，以神領形。

【歌訣】：

　　拍胸撲肘橫進身，進步扣步把身蹲，

　　左手下摟肘拍胸，手腳齊到身前擁。

圖 2-17　　　　　　　　圖 2-18

【妙用】：

設對方抽腿
轉身用右拳擊
我，或向左推我
右臂；我則速掰
左步，用左手抓
推對方之右臂，
速上右步，沉身
下坐成馬步，屈
右臂，以肘合身
擁拍對方胸部，
同時左手推右臂
以助力（圖 2-17、圖 2-18、圖 2-19）。

圖 2-19

第十四掌　轉身頂肘

【要領】：

繼上勢。右腳倒步內扣，左腳向右腳後撤步；兩臂姿勢不變，隨撤左步之勢，以腰催右肩，以右肩催右肘，以右肘催右拳，以右拳催左掌，合力催推左肘向左平頂撞擊，呈馬步；目視左肘前方（圖2-20）。

圖2-20

【要點】：

倒右步要鬆胯，撤左腳要擰腰、挑右肘，以悠蕩力催推左肘前頂。整個動作要以腰肩帶動，上下協調一致，不可散亂。

【歌訣】：

　　轉身頂肘轉身行，
　　扣步掰步側身頂，
　　身法步法一齊進，
　　右拳推掌轉身頂。

【妙用】：

設對方左手向左側推我之

圖2-21

右肘，我則順勢扣右腳，向左猛轉身撤左步，以左肘頂撞對方之軟肋或腰背部（圖2-21、圖2-22）。

圖 2-22

第十五掌　貫耳穿捶

【要領】：

繼上勢。兩手同時動作，左手向左下、向上畫弧，右拳向右後上方弧形上擺；繼之，左腳向前上步，右腳跟步；同時，左掌變拳，收至右胸前，拳心向下，拳眼向內；右拳向左前方橫擊，拳眼向下，拳心向外；先看左手，繼看右拳（圖 2-23）。

圖 2-23

【要點】：

兩手動作與上步、跟步動作要協調一致，緊密配合，要神形一致。出拳時上體微向前傾，但不可失重。

貫耳穿捶迎面沖，上步抓打身要擁，

手到腳到腰腿到，前足先進後足蹬。

【妙用】：

設對方用右手推我之左肘，我左臂順勢下滑，並從左側由下向上畫弧抓捋對方右手腕，向右胸前引帶，同時上左步，跟右步，用右拳橫擊對方耳門（圖2-24、圖2-25）。

圖2-24

圖2-25

圖 2-26

第十六掌　惡虎扒心

【要領】：

繼上勢。上左步，跟右步；同時，兩臂外旋，經胸前交叉後，再同時內旋，鬆肩撐肘，兩掌隨上左步之勢向前、向兩側扒撞；目視前方（圖 2-26）。

【要點】：

兩掌向前、向兩側橫扒時，兩臂要向前平伸，要力貫指尖，兩臂要圓曲，兩肘要有垂地之意，不可用拙力，夾脊要向後圓撐。

【歌訣】：

惡虎扒心猛又凶，手腳齊到往前攻，
穿搬截攔往外領，進步絆腳扒敵胸。

【妙用】：

設對方以左手推我之右拳，我順勢右臂外旋卸化其力，同時左拳變掌外旋前穿，擊對方左臂，突然兩掌內旋，合身一起用力向前扒撞對方胸部或肩臂（圖2-27、圖2-28）。

圖2-27

圖2-28

圖2-29

△收、起、承轉之式　回身老僧托鉢

【要領】：

繼前勢。扣左腳，右手下按，左手回摸右肩，右肩不
讓摸，身向右轉，左掌下按；右腳前伸，成右虛步；同
時，右掌由胸前反臂向前翻擊，掌心向上，鬆肩墜肘，左
手置於右肘下；目視右拳，成回身老僧托鉢式（圖2-
29）。

【要點】：同前。

【歌訣】：同前。

【妙用】：同前。

圖 3-1   圖 3-2

第三趟

第十七掌　進步團撞

【要領】：

繼上勢（老僧托鉢）。左腳活步後撤，右腳隨即撤回成右丁虛步，右腳尖點地；在撤步的同時，兩掌同時外旋收至右胯前，兩肘貼兩肋，兩掌根相對，掌指外張；隨即上右步，進左步，再跟右步；兩掌同時向前推撞，兩掌根相貼；後腿蹬力，重心落於右腳；目視前方（圖 3-1、圖 3-2）。

【要點】：

撞掌力在掌根和小指外緣，撞擊要和右腳蹬力同時進行，整個動作要體現鬆、沉、整。

【歌訣】：

　　　進步圍撞手要封，

　　　掌撞腳踢側身攻，

　　　雙掌撲身往前擁，

　　　落步坐胯後足蹬。

【妙用】：

　　設對方用左拳向我胸部擊
來，我以左掌按住其左肘部，
向我身體左側化引，同時順勢
成右丁虛步，隨即以兩手掌根
合力壓按其左手腕部，借力上

圖3-3

步用雙掌向其胸部撞擊（圖3-3、圖3-4）。

圖3-4

　李子鳴傳──梁式直趟八卦六十四散手掌

圖3-5　　　　　　　　　圖3-6

第十八掌　白猿獻桃

【要領】：

繼前勢。左腳活步，左膝上提；兩掌掌型不變，向前上方托出（掌心向上），掌根高不過頦，右腳落地，兩臂向前推擊；左腳跟進，重心寄於左腳；目視雙掌（圖3-5、圖3-6）。

【要點】：

雙托掌和上右步同時進行。進右步時右膝要上提。

【歌訣】：

白猿獻桃雙手托，提膝撞襠推下頦，

落手長腰雙合手，兩肘抱肋護心窩。

【妙用】：

設對方用雙手上推我之雙臂，我即進左步，提右膝，

圖 3-7

圖 3-8

撞擊對方襠部，同時雙掌上托對方下顎。當對方向後撤步時，我落右腳，兩臂前伸推擊對方下顎（圖 3-7、圖 3-8）。

圖 3-9

第十九掌　風輪反肘

【要領】：

繼上勢。右腳極力內扣，左轉身，左腳向右腳後倒撤一步，成馬步；同時，兩掌下落，隨左轉身之勢，握拳，用兩肘向後左、右兩側猛頂（兩拳眼向上）；目視左肘方向（圖 3-9）。

【要點】：

左右向後頂肘要和左腳腳步協調配合，頂肘時兩肋要空，不要夾緊。

【歌訣】：

風輪反肘掌法精，順手橫撥轉身靈，

提膝退步蹲襠式，雙肘提脇往外頂。

【妙用】：

設對方用左手向左側推化我之雙手時，我順勢扣步，

圖 3-10

圖 3-11

並倒步轉身下蹲，用左肘尖頂撞對方胸肋部（圖 3-10、圖
3-11）。

李子鳴傳——梁式直趟八卦六十四散手掌

圖 3-12

第二十掌　仙人觀棋

【要領】：

繼上勢。兩拳變掌，迅速下垂，臂外旋，並由胯部經身體兩側向上，臂內旋，向內至肩前時，掌心朝前，十指相對，與肩同寬；隨即左腳向前進一大步，右腳跟步，並用兩掌向前撞擊，掌根高不過頦（圖 3-12）。

【要點】：

兩掌分掰和上左腳要同時進行。兩臂圓曲，不可伸直。

【歌訣】：

　　仙人觀棋雙手攔，進步進身手推山，

　　腳踏中門奪地位，緊背空胸手扒肩。

【妙用】：

設對方轉身用右手壓我左手，並用左手擊打我胸部

圖3-13

圖3-14

時，我雙手向上畫弧，並用肘部反擊對方雙臂，隨即進
步，用雙掌撞擊對方肩部（圖3-13、圖3-14）。

李子鳴傳——梁式直趟八卦六十四散手掌

圖3-15

第二十一掌　金絲抹眉

【要領】：

繼上勢。右手向左平移至左肘下；同時，進左步，跟右步；兩手亦同時前後分開，左掌內旋，以小指外緣著意向左前上方推抹，手心斜向外，與眼同高；右手亦同時內旋，屈膝向右胸腋前抒帶，重心寄於右腳；目視左手（圖3-15）。

【要點】：

左抹右抒進左足要同時進行。左臂不可伸直，右臂不可太屈。

【歌訣】：

金絲抹眉手纏腕，拿住敵人往下按，
進步伸手抹眉掌，搬得敵人面朝天。

【妙用】：

設對方用雙手托我之雙肘，我順勢以右手抓捋對方右腕，纏胸向右腋前捋帶，同時左掌內旋借力向對方眉棱骨處抹擊（圖3-16、圖3-17）。

圖3-16

圖3-17

李子鳴傳——梁式直趟八卦六十四散手掌

圖 3-18　　　　　　　　圖 3-19

第二十二掌　玉女穿梭

【要領】：

繼前勢。右腳向右後微撤，左腳隨撤，腳趾點地，重心立於右腳；在撤右腳的同時，右手順勢向右畫弧（掌心向下），停於右前方，與頭相平；左掌亦同時外旋，向右畫弧（掌心向上）至左前上方，與鼻同高，目視左手。上述動作不停。進左腳，右腳向左腳後倒插一步；在上左腳插右腳同時，兩手同時動作，左掌內旋，往左後方反撥，拇指向下，掌心向外，停於左前上方，高過頭頂；右掌則順勢從左腋下推按；兩腳成歇步；目視左腋下（圖 3-18、圖 3-19）。

【要點】：

撤步、上步、倒步與兩手動作都要協調自然，連續不斷，勁要整，臂要收，胸要含，背要拔。

【歌訣】：

　　玉女穿梭雙手托，

　　一來一往走開合，

　　招招全憑借他力，

　　推托帶領步要活。

【妙用】：

　　設對方用吸化式以左手拿我抹眉之左手時，我迅速撤步，同時以右手拿對方右腕上橈封住其左手，左手快速向上猛托對方右肘部。對方必沉肘，我左手順勢翻腕抓住對方

圖 3-20

右肘關節上部，向對方身側後猛按，並迅速倒插右步，用右掌推擊其肋部（圖 3-20、圖 3-21）。

圖 3-21

　李子鳴傳——梁式直趟八卦六十四散手掌

圖 3-22

第二十三掌　退步牽羊

【要領】：

繼上勢。右腳後撤一步，左腳隨撤成丁虛步；同時，兩手動作不停，右手順勢纏拿，向下牽引至左胯前，左手相隨助右手下按；目視前下方（圖3-22）。

【要點】：

兩手收回和收左腳要同時進行。兩臂圓曲不可伸直。身體略向前傾，不可失重。

【歌訣】：

退步牽羊是雙捋，千金墜地變化多，

坐腰坐胯順他力，推托帶領走開合。

【妙用】：

設對方以左手推拿我之右手，我速撤步，並借後撤之

圖 3-23①

圖 3-23②

　　勢，以右手纏拿對方之右手，同時左手按其肘臂，雙手用
力向下蹲拉（圖 3-23①②）。

　李子鳴傳——梁式直趟八卦六十四散手掌

圖 3-24

第二十四掌　霸王送客

【要領】：

繼上勢。微停，左腳前進一步，右腳跟隨；同時，兩掌分開平捧（小指外緣相接），向前送出，掌心均向上；目視兩掌，高與額齊（圖 3-24）。

【要點】：

手到腳到，借勢發力，兩臂前送不可伸直。

【歌訣】：

霸王送客使得急，一捋一擊向前欺，

前腳絆住後腳進，穿梭攔截進步擠。

【妙用】：

設對方向後奪力，我順勢進步，借對方之力向前上步，猛力拋出被我擒住之手，同時左腳絆，後腳跟，腰胯

圖 3-25

圖 3-26

推擠（圖 3-25、圖 3-26）。

李子鳴傳——梁式直趟八卦六十四散手掌

圖 3-27

△收、起、承轉式　回身老僧托鉢

【要領】：

繼上勢。左腳內扣，向右後轉身，右腳同時外擺，向前活步，成右虛步；在轉身扣左步的同時，左手回摸右肩下按，右手在擺右腳前邁的同時由胸前掏出，反背向前摔擊；目視右掌。是為回身老僧托鉢（圖 3-27）。

【要點】：

扣左足回身和左手按肩要同時進行，掰右足向前活步和右手反背攻擊要協調一致。

【歌訣】：同前（略）。

【妙用】：同前（略）。

圖 4-1　　　　　　　　　　　　圖 4-2

第四趟

第二十五掌　　走馬回頭

【要領】：

繼上勢（老僧托鉢）。左腳向後撤一步，右腳隨勢撤至左腳內側，成右虛步；在撤左步的同時，左轉身，左掌順勢向左後方勒帶，右手順勢向上、向右下劈砸（圖 4-1）。

上動不停。右腳原地上前一步，左腳微跟，重心落於右腳，成右弓步；在上右腳的同時，右手向前捋，停於右腰側，左手以中指、食指向前戳擊（圖 4-2）。

【要點】：

撤步勒帶、劈砸和右前捋、左指戳要配合協調。走勢自然，不用拙力。

李子鳴傳——梁式直趟八卦六十四散手掌

圖 4-3

【歌訣】：

走馬回頭上立椿，扭腰坐胯看其詳。

蹲身下将千金墜，右将右劈護胸膛。

【妙用】：

設對方用雙手向我撲來，我抽步回身，将其手引進，右手再迅速外翻回劈對方右臂，再順勢将對方右腕，左掌借勢穿對方面部（圖 4-3、圖 4-4、圖 4-5）。

圖 4-4

圖 4-5

第二十六掌　二仙傳道

【要領】：

繼前勢。右腳外擺，左腳
向前上一大步，身下沉，呈馬
步，向右轉身 90°；在上左腳
的同時，兩掌變拳，收於腹
前，向後、向前畫圈，兩拳相
對而擊，兩拳相距 30～40 公
分，拳心向下，高不過腰，兩
臂箍圓；目視左肩方向（圖
4-6）。

圖 4-6

【要點】：

擺右腳與收拳同時進行。上左腳與兩拳合擊同時進

李子鳴傳——梁式直趟八卦六十四散手掌

行。收臂含胸，兩臂箍圓，不
可伸直。

【歌訣】：

二仙傳道真可誇，
雙拳分開往下插，
前胸後背一齊打，
上步合胯力要加。

圖4-7

【妙用】：

設對方用左手封推我之左
掌，我順勢收左掌，右手猛向
身體右後側帶對方右手，同時
右腳擺進，再速上左腳於對方身後，兩拳環擊對方的前胸
後背（圖4-7、圖4-8）。

圖4-8

圖 4-9

第二十七掌　翻身劈捶

【要領】：

繼上勢。左腳極力內扣、活步，右腳向身後倒上一大步，右轉身 180°，蹲身成馬步；在右後轉身的同時，兩臂內旋，向下合靠於小腹處，隨轉身之勢，向上交叉畫弧，不停，用拳分向左右兩側劈砸，拳心向上，力達拳背；眼注右拳（圖 4-9）。

【要點】：

換步轉身要自然協調，翻身劈捶要勢穩力暢，兩臂不可伸直。

【歌訣】：

翻身劈捶急轉身，扣步掰步雙掌分，

跨馬蹲襠雙坐胯，左右雙掌兩邊掄。

圖4-10

圖4-11

【妙用】：

設對方左轉身，以陰陽魚掌破挑我之雙手，我即按上述要求轉身以翻背拳擊之（圖4-10、圖4-11）。

第二十八掌　野馬撞槽

圖 4-12

【要領】：

繼前勢。右腳外擺，身體右轉 90°；同時右拳內旋，降於右胯側變鈎，左拳變掌，向前上畫弧；同時，上左腳，跟右腳；右手變鈎上提，以肩尖向前撞擊，左掌收於右肩前；左腿屈蹲，右腳虛提，置於左腳內側；眼注前方（圖 4-12）。

【要點】：

擺右腳轉身與上左腳跟右腳、勾右手、收左手都要和撞肩協調配合，動作一致，順勢借力。

【歌訣】：

野馬撞槽猛又凶，手腳齊進肩撞胸，

左摟右撞頭前進，前進後跟反撩陰。

【妙用】：

設對方用左手封推我之右手，我順勢右腳迅速原地掰步，左手下摟，進左腳，跟右腳，進身，用右肩撞擊對方胸部（圖 4-13、圖 4-14）。

圖 4-13

圖 4-14

圖 4–15

第二十九掌　大鵬展翅

【要領】：

繼前勢。左腳向前活步，右腳迅速向前邁進一大步；同時，左右兩掌收落腹前，向前後掄劈；目視右掌（圖4-15）。

【要點】：

行步要和展臂同時進行，要向右擰腰收臀，胸不可挺，兩臂不要伸直。

【歌訣】：

　　大鵬展翅似飛行，左右分開展敵頸，

　　手腳齊到往前進，前弓後蹬側身攦。

【妙用】：

設對方以左手推我之右肩，我順勢側身，活左腳，上

圖 4-16

圖 4-17

右腳，同時左手向前上方挑對方之右臂，右手劈擊對方頸項（圖 4-16、圖 4-17）。

圖 4-18

第三十掌　白袍鍘草

【要領】：

繼上勢。右腳內扣，左腳向後撤一大步，成左弓步；在撤左腳的同時，左手逆時針旋轉叼纏，隨勢向左後下方捋帶，拳心向上；右掌同時隨左轉身之勢，以掌之外側向前下砍截按壓，置於右胯前方；目視右掌（圖4-18）。

【要點】：

右按掌要用轉身之腰腿勁，不可只用手勁。右勒左按與轉身鬆胯要協調一致，上身往前傾。

【歌訣】：

　　白袍鍘草雙手壓，前撲後引往下拉，

　　一捋一拿按其肘，鍘得對手往前趴。

【妙用】：

設對方轉身，用左手推我左臂，我順勢撤左腳，同時

圖 4-19

圖 4-20

用左手抓将對方左腕，向左胯前擰拉，右手同時向左按壓
對方肘尖，擰腰合胯，合身一致用力（圖 4-19、圖 4-
20）。

圖 4-21

第三十一掌　周倉扛刀

【要領】：

繼前勢。向右轉腰，右腳外擺，左腳前上一步；同時，右拳向前反撩，復向後擺拳停於頭部右上方；同時，左手握拳，用左前臂向前上扛挑，左拳置於左臂上，以腰催肩，以肩催肘，向上擎舉，猶如扛刀；目視前方（圖 4-21）。

【要點】：

兩手握拳上舉與上左腳要同時進行。右拳反撩力點在小指側外緣，左肘上挑力點在肘尖。挑肘要用冷勁。

【歌訣】：

　　周倉扛刀扭轉身，扣步擰胯貼彼身，

　　捋手屈肘扛彼肘，扛得對方隨身走。

【妙用】：

設對方用左手推我右腕，我借勢順時針纏拿對方右腕，

圖 4-22

圖 4-23

向右上方提拉，同時上左步，用左前臂向上扛擊對方之右臂
（圖 4-22、圖 4-23）。

圖 4-24

第三十二掌　劉全進瓜

【要領】：

繼前勢。左腳向前進一步，右腳跟隨；在進左腳的同時，兩手同時動作，左拳變掌，向下摟按，停於右肘下變俯拳；右拳則由下向前上方頂鑽，掌心向內，力點在拳面，與下顎同高；目視前方（圖4-24）。

【要點】：

上左腳與鑽右拳要同時進行，力由下而反上。鑽拳時要含胸拔背、收臀，左右臂均不可伸直。

【歌訣】：

劉全進瓜是鑽拳，扭肘轉身站胸前，

上步絆住敵後腿，進步進身肘腕拳。

【妙用】：

設對方極力沉肘，往回坐身奪力，我左手順勢向下勾

圖 4-25

圖 4-26

化對方之右臂，並借進步之勢用右拳鑽打對方下顎（圖 4-
25、圖 4-26）。

圖 4-27

△收、起、轉承之式　回身老僧托鉢

【要領】：

繼前勢。左腳扣步，右轉身180°；同時，左手回摸右肩，右肩躲左手，左手下按；右拳從胸前掏出變掌，以手背向前翻擊；同時右腳向前活步，成右虛步；目視前方（圖4-27）。

【要點】：

扣步與回身摸肩要同時進行。左手下按、右掌反擊要與右足活步、前邁同時進行。整個動作要上下協調一致。

【歌訣】：同前（略）。

【妙用】：同前（略）。

第五趟

第三十三掌　脫身化影

【要領】：

繼上勢。右腳內扣，左腳外擺，同時向左後轉身；左掌隨之下撩，右掌隨降至右胯旁；目視前左下方。動作不停。擺左腳，右腳向左前方上步；同時，右掌極力上穿，左膝極力上提，左掌鬆肩墜肘，

圖 5-1

降至右腋下，掌心向外；目視左前方。上勢稍停。隨即右膝屈蹲，左腿下仆；左掌向左膝前橫按，右掌後撐；目視左掌前方（圖 5-1、圖 5-2、圖 5-3）。

圖 5-2

圖 5-3

圖 5-4

【要點】：

　　扣右步，轉身擺左足，撩左掌要協調一致。擺左足、上右足、提左膝、右掌上穿要協調一致。仆左步、左掌前按、右掌後撐要協調一致。以上三動要分出節奏，各分動之間要勢斷意不斷。

圖 5-5

【歌訣】：

　　脫身化影轉身行，

　　鷂子鑽天往上沖，

　　提步轉身回頭看，

　　開步踏掌氣下沉。

　李子鳴傳——梁式直趟八卦六十四散手掌

【妙用】：

設對方以右手向我劈擊，我速左轉身迂迴上步提膝使對方落空，突然左腿下仆，左掌橫踏對方襠胯（圖5-4、圖5-5、圖5-6、圖5-7）。

圖5-6

圖5-7

圖 5-8

第三十四掌　捋手踹踩

【要領】：

繼前勢。左手外旋，後捋至右腋下；同時，活左足，起右足，橫腳向前下踹踩；右手握拳，由左臂上前沖；目視前方（圖5-8）。

【要點】：

左手後捋與右拳前沖、提膝踹踩要同時進行。協調一致，踩勁要由腰和胯根發出。

【歌訣】：

> 捋手踹踩腳前搓，右踢左立身後坐，
>
> 左手捋腕右手托，落步踹踩腳面踩。

【妙用】：

設對方用左手推拿我之左手，我順勢用左手捋住其左

李子鳴傳——梁式直趟八卦六十四散手掌

圖 5-9

圖 5-10

手，右手沖其面，同時用右腳偷襲，蹬踹其後腿脛骨，順
勢踩跺其右腳背（圖 5-9、圖 5-10）。

圖 5-11

第三十五掌　進步撞捶

【要領】：

繼上勢。右腳墊步前落，左腳上步；同時，右拳向下、向右上由右耳側向前下撞擊，拳心向內；左掌同時向右後平摟至右肩前；目視前方（圖 5-11）。

【要點】：

落步和向前撞擊要協調一致，收腹溜臀，不可挺胸。

【歌訣】：

　　進步撞捶打胸腔，進步進身手要剛，

　　擰步轉拳螺旋力，腳踏中門往裡撞。

【妙用】：

設對方用左手推化我之右手，我右手速向後下方化開，並借墊步之勢，左手抓壓對方右手，右手由上而下撞

圖 5-12

圖 5-13

擊對方胸部（圖 5-12、圖 5-13）。

圖 5-14

第三十六掌　迎面彈膝

【要領】：

繼上勢。左腳活步獨立，右腿提膝向前彈踢；同時，右手回捋握拳至右腰側，左手握拳向前沖擊；目視前方（圖 5-14）。

【要點】：

彈膝勁由膝關節發出，力達足背。整個動作要上下一致，協調配合，不可搖身，不可用拙力，肘要墜，胸要含，臀要收。

【歌訣】：

迎面彈膝腳尖曲，單腳獨立形似雞，

右手回捋左拳搗，含胸緊背屈左膝。

【妙用】：

接前勢。設對方用左手推我右手，我右手順勢回帶，

圖 5-15

圖 5-16

左拳出擊，同時右腳彈踢對方膝關節、脛骨或襠部（圖5-
15、圖5-16）。

圖 5-17

第三十七掌　掃耳單捶

【要領】：

繼前勢。右腳向左後震步落下；同時，右臂內旋，向下、向後、向右上直臂畫弧向左掃打，左掌變拳內旋，撤至左小腹側；目視前方（圖 5-17）。

【要點】：

向後落右步和向前掃右拳要協調一致。勁從左掌經腰和右胯發出。

【歌訣】：

掃耳單捶手法靈，撤步橫掃手要封，

前弓後繃蹬起腿，左摟右摜手護胸。

【妙用】：

設對方用左掌截擊我之右膝內側，右手內旋撥擋我之左臂時，我借勢後撤右足，右拳摜擊對方耳根，左手旋轉

圖 5-18

圖 5-19

下降，使對方雙手落空，身體前傾，遭我之摜擊（圖 5-18、圖 5-19）。

圖 5-20

第三十八掌　反臂沖捶

【要領】：

繼上勢。左腳前進一步，右腳跟進半步；同時左拳外旋上鑽，拳心向內，右臂外旋，降至小腹處；目視前方（圖 5-20）。

【要點】：

左拳反臂上沖，要和上左腳同時進行，手到腳到。前後兩手要形成合力，整勁，上下要協調一致。

【歌訣】：

反臂沖捶擊下頦，進步進身肘前挫，

一橫一直三角手，扭步鑽拳腰胯坐。

【妙用】：

設對方用左手封我右臂，我借勢回轉旋帶右肘臂，左

李子鳴傳──梁式直趟八卦六十四散手掌

圖 5-21

圖 5-22

拳借勢鑽攬上沖對方下顎（圖 5-21、圖 5-22）。

圖 5-23

第三十九掌　天王托塔

【要領】：

繼上勢。左臂內旋，降至右小腹；同時活左足，進右足，再跟右足；右臂外旋變內旋，向前上方直托，虎口張開，掌心向前，與頭頂同高；目視前方（圖 5-23）。

【要點】：

右掌前托，力在掌根，含有推、托、揉、送之勁法，但臂不可伸直。上體微向前傾，收臀，後腿蹬勁。

【歌訣】：

　　天王托塔上下忙，進步進身腰要長，

　　前托後拉虎口張，手捏敵嗉朝後仰。

【妙用】：

設對方用右手封我左手，我左手順勢抓其右腕下壓，

李子鳴傳——梁式直趟八卦六十四散手掌

圖 5-24

圖 5-25

同時轉身上右步，用右掌推托對方下顎（圖 5-24、圖 5-25）。

圖 5-26

第四十掌　王母拐線

【要領】：

繼上勢。右臂內旋，屈臂收回腹部，左掌扶右腕，右肘尖翻上猛拐；同時，進右步往前擁力（圖 5-26）。

【要點】：

纏肘要挺腰、蹬腳、收臀、含胸，要力達肘尖，要掃、壓、纏、頂、擁五勁合一。

【歌訣】：

王母拐線是擒拿，腕中反有避拿法，

進步進身按手腕，貼身靠近屈肘壓。

【妙用】：

設對方以左手推我之右手，我順勢以左手壓住其手腕，以腰身之力纏肘向下拐壓其肘關節（圖 5-27、圖 5-28）。

圖 5-27

圖 5-28

圖 5-29

△收、起、承轉之式　老僧托鉢

【要領】：

繼前勢。起身掰右足，上左足內扣；左手摸右肩，右肩不讓摸；右轉身成右虛步；左掌下按，右掌從胸前翻掏，反臂前擊，掌心朝上（圖 5-29）。

【要點】：同前（略）。

【歌訣】：同前（略）。

【妙用】：同前（略）。

圖 6-1

第六趟

第四十一掌　千斤墜地

【要領】：

繼上勢。左腳向後活步，右腳向後撤一步，左腳隨撤，腳尖點地，成左虛步；在撤步的同時，兩掌內旋，向下、向回牽拽，右手握拳，停於左掌心，兩掌心均向上；目視前方（圖6-1）。

【要點】：

撤步和拽手要同時進行。蹲身時臀部要收，要沉肩含胸，勁從腰背及膀根發出。

【歌訣】：

千斤墜地變化多，蹲身坐胯往下捋，

退步還先退後步，蹬步退身要離中。

圖 6-2

圖 6-3

【妙用】：

　　設對方用右拳向我擊來，我用雙手捋其腕，向下猛然
墜力，同時往後退步坐身助力（圖 6-2、圖 6-3）。

李子鳴傳——梁式直趟八卦六十四散手掌

圖6-4

第四十二掌　日月並行

【要領】：

繼上勢。右腳蹬力，左虛腳向前微進，身形張起，右腳前進一步，左腳隨跟，步形不變；在進步的同時，兩拳變掌，掌根相抵，掌指張開，右掌在上，左掌在下，兩掌同時向前擁撞；目視前方（圖6-4）。

【要點】：

兩掌前撞要用腰、腿發力，要含胸拔背，溜臀，不可用拙力。

【歌訣】：

　　日月並行進步攻，兩掌上下往前擁，
　　前腳先進後腳隨，手腳齊到法為真。

圖6-5

圖6-6

【妙用】：

設對方往後奪力，我即順勢借力，進步以雙掌向前擁撞（圖6-5、圖6-6）。

李子鳴傳——梁式直趟八卦六十四散手掌

圖 6-7

第四十三掌　金蟬脫殼

【要領】：

繼上勢。兩掌根相抵，以腕為軸，左掌內旋，右掌外旋，旋至左掌在上，掌心向下，右掌在下；掌心向上時，隨上右腳，跟左腳；兩掌分別向右前左後用力伸展，成右虛步；兩掌高與肩平；目視前方（圖6-7）。

【要點】：

兩臂伸展要以腰、肩用力，兩臂要圓曲，不可伸直。屈臂要和上右步同時進行，協調一致。

【歌訣】：

金蟬脫殼插花手，雙手分開往前抖，

右腳前伸絆足跟，一按一托把腰挺。

【妙用】：

設對方用雙手抓我之雙腕，我則速旋雙腕，上右足絆

圖6-8

圖6-9

對方腳跟，並同時兩掌前後分展，以我之右手背或前臂橫
擊對方膀根（圖6-8、圖6-9）。

李子鳴傳——梁式直趟八卦六十四散手掌

圖6-10

第四十四掌　依山擠靠

【要領】：

繼前勢。右腳外擺，左腳向前上一步；在上步的同時，左掌收至胸前變拳，屈肘用前臂向左前方擠靠，拳心斜向上，右掌心附於左前臂內側，助左臂向前擠靠；目視前方（圖6-10）。

【要點】：

擠靠要用腰、腿發力，要收臂、含胸、拔背。

【歌訣】：

　　依山擠靠貼身行，進步穿掌使膀攻，

　　邁步絆住敵後腿，長腰鬆胯後足蹬。

【妙用】：

設對方含胸撤步，用左手化領我之右臂時，我則順勢

圖 6-11

圖 6-12

屈左臂向左前方擠靠，右掌附於左前臂內側助力，同時上
左步絆對方足跟；目視左前方（圖 6-11、圖 6-12）。

李子鳴傳——梁式直趟八卦六十四散手掌

圖6-13

第四十五掌　捋手撞膝

【要領】：

繼上勢。左腳活步，左轉身；同時左手內旋，抓拳，拳心向外，右手外旋，屈肘後帶，手心向內，左手急捋，右手用力回搬；同時重心前移，用右膝向前頂撞，成為左獨立步；目視前方（圖6-13）。

【要點】：

捋手要和撞膝同時進行，收臂含胸，動作合一。

【歌訣】：

　　捋手撞膝進步迎，一站一提似雞行，

　　提膝上打致命處，下傷兩足不留情。

【妙用】：

設對方用右手擊我面部或推我之左肩，我則順勢以左手封其右手，並同時內旋反抓其腕，右手從下向後用力反

圖 6-14

圖 6-15

搬其肘關節，左右兩手形成一推（左）一搬（右）之合
力，拿對方右臂，與此同時，右膝前撞（圖6-14、圖6-
15）。

圖6-16

第四十六掌　懶龍臥枕

【要領】：

繼前勢。右腳向前落一大步，左腳隨跟；在上右腳的同時，兩拳同時向前旋鑽，左拳置於右肘內側，右前臂前傾，向前擠靠，耳朵貼近右前臂；目視左上方（圖6-16）。

【要點】：

鑽拳前擠時要上體左擰，身體微向前傾，含胸、拔背、收臀。

【歌訣】：

懶龍臥枕斜身行，上步擠撞斬敵頸，

手到腳到腰腿到，上下齊到身要擁。

【妙用】：

設對方鬆肩轉身化我左右手捋拿之力，同時用左手扶

圖 6-17

圖 6-18

截我之右膝，我則乘勢落右足，兩拳齊鑽，同時左轉身擠靠對方肩胸（圖6-17、圖6-18）。

李子鳴傳——梁式直趟八卦六十四散手掌

圖 6-19

第四十七掌　扭手提撩

【要領】：

繼前勢。右腳前進一步，左腳跟步；在進右腳的同時，左掌下按，右臂內旋，以腕為軸，五指回勾（成鵝頭掌），用右手腕背向前提撩，高不過頭；目視前方（圖 6-19）。

【要點】：

右手提撩要和上右腳同時進行。撩手之力要和左手下按協調配合，意在左手，目視右手。

【歌訣】：

扭手提撩用目觀，一按一提鵝頭拳，

前腳先進後腳跟，兩肘合抱提腕拳。

【妙用】：

設對方轉身用右手拿我右手時，我用左手截按其右

圖 6-20

圖 6-21

手，並借進步之勢，以右手「鵝頭拳」向上撩打對方下顎
（圖 6-20、圖 6-21）。

李子鳴傳——梁式直趟八卦六十四散手掌

圖 6-22

第四十八掌　進步塌掌

【要領】：

繼前勢。右腳外擺，左腳向前邁步，右腳跟步；同時，左掌從右肘下向前上穿挑，掌心向上，置於左額前上方；右手變掌，向前向下塌按，高不過顎；目視右掌（圖6-22）。

【要點】：

提右腳與穿左掌同時進行。上左腳和右塌掌同時進行。兩臂要圓曲，不可伸直。塌掌時要含胸、收臀。

【歌訣】：

進步塌掌挑打胸，進步進身側身攻，

左挑右塌二掙力，坐腰坐胯往前擁。

【妙用】：

設對方用左手封我之右提撩手時，我左手速將其手挑

圖 6-23

圖 6-24

起，並借進步之勢，以右掌向前橫塌擊按其胸（圖 6-23、
圖 6-24）。

李子鳴傳——梁式直趟八卦六十四散手掌

圖 6-25

△收、起、承轉之式　回身老僧托鉢

【要領】：

右轉身，扣右腳；左手回摸右肩，右肩後躲，順勢左手下按；右手從胸前掏出，後背向前摔擊，掌心向上，左手置於右肘內側；右腳前伸，成右虛步；目視前方（圖6-25）。

【要點】：同前（略）。

【歌訣】：同前（略）。

【妙用】：同前（略）。

圖 7-1

第七趟

第四十九掌　插花掖肋

【要領】：

繼前勢。右腳活步，左腳向前邁進一步，右腳跟步；同時，右手握拳，臂內旋，向右上方捋帶至右耳側，拳眼向下，拳心向外；左手握拳向前平擊，拳眼向上，拳與腋同高；目視左拳（圖7-1）。

【要點】：

出左拳和上左腳要同時進行。兩拳前後要相互掙勁。要含胸、收臀，沉肩墜肘，左臂不可伸直。

【歌訣】：

插花掖肋似炮拳，斜身扭步打中拳，
頭打落意隨足走，右捋左擊一條線。

圖7-2

圖7-3

【妙用】：

　　設對方右手向我進擊，我以右手反抓其腕，向右上方
将帶或上托，左拳同時出擊打其腋肋（圖7-2、圖7-3）。

圖 7-4

第五十掌　單鳳投巢

【要領】：

繼前勢。左腳前進一步，右腳跟步；在進步的同時，左拳變掌，回按至胸前，右拳從右耳旁反拳向前上方沖擊，拳眼向下；目視前方（圖 7-4）。

【要點】：

兩手前後要勁力一致，動作要協調配合。

【歌訣】：

單鳳投巢打中拳，拗步進身掏心拳，

兩肘抱肋使胯肘，手腳齊到身要攏。

【妙用】：

設對方用右手推化我之左拳時，我左拳變掌，回撤至右肩前，右拳順勢猛擊對方面部（圖 7-5、圖 7-6）。

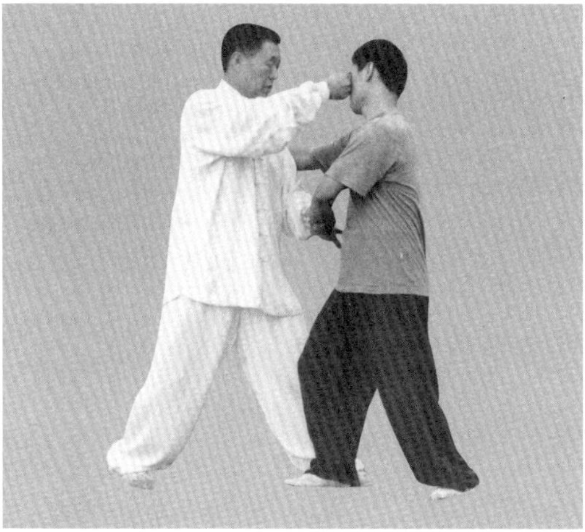

圖 7-5

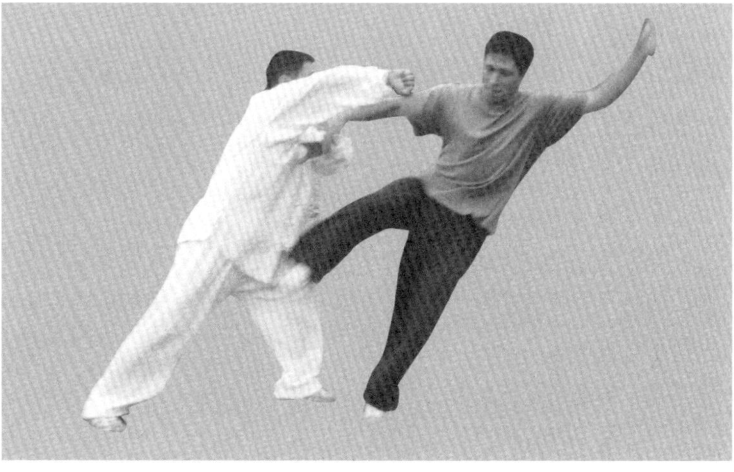

圖 7-6

圖 7-7　　　　　　　　　圖 7-8

第五十一掌　裡挫外跺

【要領】：

繼上勢。重心後移，左手向前，和右手同時回拽；右腳同時提起，用內緣向前挫跺，腳尖外擺，成左獨立步，右挫腳不停，速以腳尖內轉，用腳外緣向前跺蹬；目視右腳前方（圖7-7、圖7-8）。

【要點】：

挫腳與跺腳為連環腿法，要一氣呵成，不要停頓。抬腳不過膝，不可挺胸、後仰。

【歌訣】：

挫腳外跺雙手持，抬腿橫腳往前挫，

扭腰撐胯反腿跺，落步橫腳連環跺。

【妙用】：

設對方用左手封我右手時，我右手纏拿對方右腕，借左腳向前墊步之勢，雙手猛向後捋，同時右腳挫對方右小腿內側，當對方後撤右腿時，我隨即身體左轉，接著橫跺對方左小腿內側（圖7-9、圖7-10、圖 7 -11、圖 7 -12）。

圖7-9

圖7-10

圖 7-11

圖 7-12

李子鳴傳——梁式直趟八卦六十四散手掌

圖 7-13

第五十二掌　掩肘推山

【要領】：

繼上勢。右腳收回落地震腳，左腳提起前落，虛置地面，成左虛步；雙拳同時自腹部前分別向左右上方、再向下、向前、向上對稱各畫一圓，兩掌上提相合攏，掌心向內，掌外緣相接，兩前臂亦相合，兩掌立即內旋翻掌，掌心向外，拇指向下，向前對稱推出，掌指相對，拇指向下；在雙推掌的同時，左腳前進一步，右腳跟步；目視前方（圖 7-13）。

【要點】：

兩掌前推時，兩臂要沉肩墜肘，不可伸直，要含胸、拔背、收臀。推掌和上步要動作協調一致。

【歌訣】：

掩肘推山肘護胸，

兩肘抱肋雙手攻，

手腳齊到身要擁，

雙掌前推後足蹬。

【妙用】：

設對方後撤，我即以右
腳跟橫踩對方腳面，並用
兩掌由下而上畫弧掩肘，
借左腳進步之勢，以兩掌
向前推撞對方胸部（圖7-
14、圖7-15）。

圖7-14

圖7-15

圖 7-16

第五十三掌　纏肘擺蓮

【要領】：

繼上勢。兩腳不動；兩掌自然放鬆，向右後順時針方向，纏畫一個圓，到右前方時，兩手向左迅急擺拍；同時右腳向左、向上、向右擺動，與耳同高，和兩手之左擺拍相擊（腳面）作響；目視擺腳（圖 7-16）。

【要點】：

兩手擊拍腳面，手、腰、腿都要放鬆，拍響要脆。獨立之左腿要微屈，不可伸直，獨立要穩。

【歌訣】：

　　纏肘擺蓮上立樁，進步提膝撞敵襠，

　　扭腰扭胯看後方，逼首踢肋敵難防。

【妙用】：

設對方右手封推我之左手，我右手拿對方右腕並向後

圖 7-17

圖 7-18

捋，同時左腳向前活步，並借向前活步之勢，以右腳擊打
對方右腋肋，以雙手逼迎對方頭面（圖 7-17、圖 7-18）。

李子鳴傳——梁式直趟八卦六十四散手掌

圖 7-19

第五十四掌　轉身擺腰

【要領】：

繼上勢。右腳順勢下落，向前微進，腳尖極力內扣，左腳極力向右腳外側繞扣，並隨之向右轉身；在右轉身的同時，兩手隨右轉身之勢，右手握拳，以拳背向右平擺，左拳附於右肘內側，馬步沉身；目視右拳方向（圖 7-19）。

【要點】：

扣步轉身要和擺臂擺腰協調一致。擺臂擺腰，勁要由腰、胯發出。

【歌訣】：

轉身擺腰似旋風，扣步擺步轉身行，

蹲襠落步騎乘式，左托右掄擺腰中。

圖 7-20

圖 7-21

【妙用】：

設對方轉身化打，我則落右足，並由扣步開步轉身之
勢用右拳橫擂對方腰部（圖 7-20、圖 7-21）。

李子鳴傳——梁式直趟八卦六十四散手掌

圖 7-22

第五十五掌　猿猴爬杆

【要領】：

繼上勢。右腳外擺，左腳向前上一步，沉身下坐，成左虛步；同時，左掌向腹前搬按，掌心向下，右手變掌，向前上方托搬；目視前方（圖7-22）。

【要點】：

兩手左按右搬施以剪力，要手腳齊到，含胸、拔背、收臀。

【歌訣】：

猿猴爬杆縱身靈，雙手按搬墜身行，

左手右手上下搗，好似猿猴來攀繩。

【妙用】：

設對方用右手封拿我之反背捶時，我用左手拿對方來

圖 7-23

圖 7-24

手，同時右掌借勢上托對方肘關節（圖 7-23、圖 7-24）。

李子鳴傳——梁式直趟八卦六十四散手掌

圖 7-25

第五十六掌　彎弓射虎

【要領】：

繼前勢。右腳活步外擺，左腳向前進一大步，成左弓步；在進步的同時，兩手動作不停，右掌內旋，向右上方翻掌，左掌向前推出；目視左掌（圖7-25）。

【要點】：

上左掌和翻右掌要同時進行。兩臂要上下圓掙，不可直臂。要含胸、收臀。

【歌訣】：

彎弓射虎挑打胸，進步進身側身攻，

右掌翻拿左掌攻，左足進步右足蹬。

【妙用】：

設對方用左手拿我之右手時，我速右轉身上左步，在

圖 7-27

進步的同時右手反抓對方右腕，向右上方牽拉，同時左掌
隨進步之勢猛擊對方胸肋部（圖 7-26、圖 7-27）。

李子鳴傳——梁式直趟八卦六十四散手掌

圖 7-28

△收、起、承轉之勢　回身老僧托鉢

【要領】：同前（略）圖 7-28。

【要點】：同前（略）。

【歌訣】：同前（略）。

【妙用】：同前（略）。

第八趟

第五十七掌　四龍取水

【要領】：

繼前勢。右腳活步，左腳前進一步，右腳跟步；同時，左掌俯掌，向前平穿，右掌內旋，向回捋帶至腹前，掌心向下；再左腳活步，右腳前進一步；同時，右手俯掌，向前直穿，左手內旋，向回捋帶至腹前；目視前方（圖8-1、圖8-2）。

圖8-1

【要點】：

穿掌和捋帶勁力要一致，動作要協調。

【歌訣】：

四龍取水如穿梭，
左右穿掌面上戳，
跨步閃身連環使，
進退退進意要活。

圖8-2

【妙用】：

設對方用右手擊我，我用右手捋其右腕，左手順勢向對方眼目平穿。對方又用左手封我左手，我則用左手回捋

圖 8-3　　　　　　　　　　圖 8-4

圖 8-5

其左腕，再用右掌向對方眼目平穿（圖 8-3、圖 8-4、圖
8-5）。

圖 8-6　　　　　　　　　圖 8-7

第五十八掌　懷中抱月

【要領】：

繼前勢。左腳活步，右腳向後隨撤至左腳前，腳尖著地，左腿屈蹲下坐；在撤步的同時，兩掌同時握拳外旋，向小腹前左側掠帶；目視前方（圖8-6）。

【要點】：

退步和捋帶要勁力一致，要含胸、拔背、收臀。

【歌訣】：

懷中抱月似捆繩，兩臂緊抱在懷中，

坐胯坐腰身前傾，兩掌用力肩肘鬆。

【妙用】：

設對方用右手封我前手，我則借撤步之勢纏拿對方右手腕，並左手合力向懷中捋帶（圖8-7、圖8-8）。

圖 8-8

第五十九掌　仙人簸米

【要領】：

左腳活步，右腳向前上步，左腳跟步；同時，兩掌外旋，掌心向上，向前上拋出，勢如潑水，急如簸米，力達指尖；目視前方（圖 8-9）。

【要點】：

兩掌上拋之力要和起身上步同時進行，勁要從腿、腰發出。

圖 8-9

【歌訣】：

仙人簸米往上拋，進步進身往前挫，

前腳先進後必跟，雙手朝前往上簸。

圖 8-10

圖 8-11

【妙用】：

設對方往後奪力，我順勢撤手，往上揚托其肘，或反擊其頦，如同簸米（圖 8-10、圖 8-11）。

李子鳴傳——梁式直趟八卦六十四散手掌

圖 8-12

第六十掌　捋手戲珠

【要領】：

繼前勢。右腳活步，左腳進步，右腳跟步；同時，左手俯掌內旋，由前向後捋帶至腹前，右手中、食指（其餘各指收回）內旋，向前探戳，掌背斜向下；目視前方（圖8-12）。

【要點】：

上步、左手纏捋和右手穿戳要同時進行，協調自然。穿戳的右臂不可伸直，亦不可太高，其勁要由腰、肩和上步發出。上體微向前探，要收臀。

【歌訣】：

　　捋手戲珠蹦步蹬，抓住敵腕取雙瞳，

　　往前進步絆敵腳，上戳下進往前攻。

【妙用】：

設對方右手封拿我之右手，我之右手迅速下沉，向右後上方運擺，同時左手拿住對方手腕向下猛採，隨即左腳進步絆其腳，右手由頭後往前下穿戳對方眼目（圖 8-13、圖 8-14）。

圖 8-13

圖 8-14

李子鳴傳——梁式直趟八卦六十四散手掌

圖 8-15

第六十一掌　張飛躋馬

【要領】：

繼上勢。左手從右手下穿掵，右手抓拳，同左手一起回掵至胸前，右拳心向上，左拳心向下；在右手掵回的同時，右腳提起，從右向上、向左躋擺；目視前方（圖8-15）。

【要點】：

提腳和掵手要協調一致。擺腳高不過腰，不可用拙力。獨立之腿要微屈而穩，要含胸收臀。

【歌訣】：

張飛躋馬側身蹬，抬腿提膝撞敵胸，

穿掌舞花變片掌，落步轉身旋敵頸。

【妙用】：

設對方封我之右手，我左手穿拿其腕向後掵帶，右掌

圖 8-16

圖 8-17

橫片其頸，或協助左手捋帶，同時坐身提右腿橫踢對方襠部或胯、膝（圖 8-16、圖 8-17）。

李子鳴傳——梁式直趟八卦六十四散手掌

圖 8-18　　　　　　　　圖 8-19

第六十二掌　片旋兩門

【要領】：

繼上勢。兩手同時向左挽圈，即右掌向左後從頭頂前上方向右繞至胸前，左手亦隨之向外、向左、向後繞至胸前，兩臂呈交叉狀，右上左下，掌心均向上；右腳尖隨落地面，不停，繼而右腳向左腳後方落下，腳趾著地，成高虛步；在落右腳的同時，兩掌相旋，分別向前向後片砍，掌心均向下，兩臂平舉，左右對稱；目視前方（圖 8-18、圖 8-19）。

【歌訣】：

　片旋兩門轉身行，上片下踢捊腿贏，

　捊手片掌回頭看，扭身片走斬敵頸。

圖 8-20

圖 8-21

【妙用】：

設對方向回奪力，右手按封我右膝時，我則借勢落右

李子鳴傳——梁式直趟八卦六十四散手掌

圖 8-22

圖 8-23

足，右掌片其左側頸部，對方必向右閃，我再回身展臂片
其右側頸部（圖 8-20、圖 8-21、圖 8-22、圖 8-23）。

圖 8-24   圖 8-25

第六十三掌　風輪劈掌

【要領】：

繼上勢。右腳極力內扣，左腳向右後倒半步；同時，左臂伸直，抬臂下劈；隨即左轉身，右腳前上一大步，左腳跟隨；右臂再伸直下劈，左手回收至右肩前；目視前方（圖 8-24、圖 8-25）。

【要點】：

兩臂掄劈要放鬆自然，和轉身動步相配合協調。勁力要挺拔，氣勢要大。

【歌訣】：

風輪劈掌閃正中，翻身捋手轉身行，

上步蹲身劈敵腕，前虛後實往前繃。

【妙用】：

設對方用左手推封我之右臂，我順勢轉身用左手回劈

李子鳴傳——梁式直趟八卦六十四散手掌

圖 8-26

圖 8-27

對方之肩、臂，對方進右步閃我之劈勢，我則進右步，可
用右掌再劈（圖 8-26、圖 8-27、圖 8-28、圖 8-29）。

圖 8-28

圖 8-29

圖8-30

第六十四掌　孤雁出群

【要領】：

繼上勢。右腳活步，左腳向前上一步；在上左腳的同時，右掌內旋，上提至右額前上方，掌心向斜上方；左掌同時向前上推撮，掌心向前，掌指向上，與鼻同高；目視左掌（圖8-30）。

【要點】：

提右掌、推左掌和上左腳要同時進行，協調用力。兩臂要曲中求直，要含胸、拔臂、收臀。

【歌訣】：

孤雁出群斜身行，進步進手急進身，

前弓後繃蹬膝腿，絆住敵腿往前攻。

【妙用】：

設對方用左手封我右手，我右手翻拿對方左手腕，並

圖 8-31

圖 8-32

向右上方猛帶，左掌同時借進步之勢用掌根向前擊打對方肋部（圖 8-31、圖 8-32）。

李子鳴傳——梁式直趟八卦六十四散手掌

圖 8-33

圖 8-34

收勢　回身老僧托鉢

【要領】：

回身老僧托□勢文字同前，略（圖 8-33）。繼此勢，兩掌同時動作，向下、向左右分開，復向上、向下按至腹前；左腳向前與右腳併步平行；目視前方，收勢（圖 8-34）。

【要點】：同前（略）。

【歌訣】：同前（略）。

【妙用】：同前（略）。

　註：八卦六十四掌係直趨往返練習之拳術，為使習練者便於識圖，拍照時都採用向一面練習的方法，習者在熟練掌握每一式要求後，即可採用往返練習的方法進行演練。

附一
梁振蒲系八卦掌綜述

　　梁振蒲系八卦掌（以下簡稱梁式八卦掌），作為八卦掌門內的一個優秀的、重要的武術流派，經梁振蒲先生和廣大弟子門人不懈的努力實踐、總結、完善、發展、宣傳、推廣，越來越引起武術界的廣泛重視。

　　十幾年來國內外追尋、學習、研究梁式八卦掌的人日益增多，推動了中國武術事業的發展。

　　現對有關梁式八卦掌的源流、發展、理論、特點、內涵、外延等方面問題進行綜述，不當之處望同道指正。

一、梁式八卦掌的形成

　　梁式八卦掌的代表人物是梁振蒲。梁振蒲，字昭庭，生於清同治二年（1863 年）正月二十日，卒於民國二十一年（1932 年）八月十三日，享年 69 歲。河北省冀縣城北郝家家村人。自幼好武，7 歲拜本村秦鳳儀老拳師學練彈腿，13 歲來北京，在前門外「萬興估衣莊」學徒，以販估衣為生，故人稱「估衣梁」。由於身材矮小，體弱多病，1879 年（時年 16 歲）經掌櫃介紹，拜董海川為師學練八卦掌，是董先師最小的弟子。

　　但因梁振蒲為人豪爽，忠厚，天資聰穎，練功刻苦，勤思善悟，深受董海川喜愛。董先師將晚年總結的一生的

技藝精華，全部傳授給了梁振蒲先生。

董先師去世以後，梁又經常向師兄尹福、程廷華、史紀棟等眾師兄虛心求教，交流切磋，印證武功，將先師所傳的精湛技藝和眾師兄的獨到之處熔為一爐，千錘百煉，體悟研摩，提煉發揮，逐步形成了自己的風格特點。在技擊實踐中，以技術全面、功夫精湛而成名。

梁先生成名後，除賣估衣外，先是在北京前門外珠市口南「德盛居」黃酒館設教傳授八卦掌（因為掌櫃王成齋是他的門徒）。一生弟子很多，除北京外，河北保定、冀縣、束鹿、山東等地均有眾多弟子。

主要傳人有李通泰、董文修、李少庵、郭古民、田金峰、傅振倫、李子鳴、王超人等。1900年回鄉開設德勝鏢局，在保定、德州一帶名聲大震。民國十四年（1925年）河北省成立國術館，應當時北平市市長之聘，任國術館顧問。後又應河北束鹿縣女子師範、冀縣省立十四中之聘，任武術教師，傳授八卦掌技藝。

梁先生由於功夫精湛，技術風格特點自成一體。在數十年的江湖風雨和武林較技中名聲顯赫，而且有很多驚人的神功軼事在武林中流傳。比如「以八卦純功藝服冀縣四霸天」「大鬧馬家堡鞭斃惡棍金鏢趙六等數十人」「騰步走荷葉」「三掌斃驢命」「劫匪還包袱」「徒手拔釘子」「以藝服徒教訓馬車夫」「技勝鏢師教訓炊事員」等神功絕技威震武林，傳為佳話，這也自然成為他開宗立派的自然基礎。

二、梁式八卦掌的特點

梁式八卦掌是在繼承董先師的技藝精華的基礎上，全面地吸收了尹、程、史等諸家流派的精髓，兼融並蓄，在長期實踐中不斷消化、吸收、提煉、總結，再實踐、再總結，逐步形成的。

梁式八卦掌的特點可以概括為以下十個方面：

1. 在掌型上，它以龍虎掌為標（識），其要求是，鬆肩暢勁，拇指外張，虎口撐圓，食指回指眉梢，中指、無名指分開，中指指天，無名指、小指合攏、內裹，掌心涵空，掌根前頂，五指第一節均內扣，掌背如瓦壠，其掌型如龍爪，亦似虎爪，故稱龍虎掌。

2. 在掌法上，它以推、托、帶、領、搬、扣、劈、撩、穿、挑、截、塌等掌法為多。

3. 在身法上，它以擰、旋、走、轉、揉、抖、鑽、翻等身法為長。

4. 在步法上，它以扣、擺、進、退、跨、繞、沖、疊等步法為主。

5. 在腿法上，它以曲、踹、崩、點、截、跺、趟、踢等腿法為用。

6. 在走法上，它以抱膝摩脛、扭腰坐胯，如趟（泥）似踢（力貫足尖），如推（磨），似坐（轎）等要求為規（範）。

7. 在形象上，它以猴頭、蛇眼、龜背、龍身、熊膀、虎胯、雞腿、鵬展、鷹旋等形象為尊。

其具體含義是：

所謂猴頭，是要求在練八卦掌時，頭頸要有猴頭之虛靈。其外部形象要求是，如頸插軸，機警靈活，活潑可愛。

所謂蛇眼，是要求在練八卦掌時，雙目要有蛇眼之專注。其外部形象要求是，如珠鑲框，機敏專注，凶猛驚懼。

所謂龜背，是要求在練八卦掌時，脊背要如龜背之圓挺。其外部形象要求是，如龜伏背，圓靜堅棚，腹心鬆靜。

所謂龍身，是要求在練八卦掌時，身法要有游龍之靈活。其外部形象要求是，身如游龍，擰旋翻轉，靈活多變。

所謂熊膀，是要求在練八卦掌時，兩肩要有熊膀之氣勢。其外部形象要求是，鬆肩虛腋，氣壯神足，勇猛無敵。

所謂虎胯，是要求在練八卦掌時，腿、胯要有猛虎之神威。其外部形象要求是，如虎漫步，胯鬆足穩，美中隱威。

所謂雞腿，是要求在練八卦掌時，兩腿要有雞行之姿態。其外部形象要求是，如雞踏雪，鬆穩抽插，屈膝臥胯。

所謂鵬展，是要求在練八卦掌時，兩臂要有鵬飛之氣勢。其外部形象要求是，如鵬展翅，形美勢壯，萬里不疲。

所謂鷹旋，是要求在練八卦掌時，其運動要有雄鷹搏

擊之氣勢。其外部形象要求是，如鷹捕兔，盤旋起伏，驚心動魄。

上述九種動物形象，是梁式八卦掌教練中時時強調、刻意追求的九種身法姿態及其蘊含的搏擊內意。對這九種動物本能的磨練，是人類提高搏擊水準的有效方法，是梁式八卦掌的練、用特點。

據此，我們把梁式八卦掌的身架、身法、神意，簡單地概括為如下歌訣，以便記憶。

猴頭蛇眼神虛頂，熊膀龜背氣下行。

雞行虎步游龍動，鵬飛藍天萬里程。

如鷹捕兔盤旋勢，疾、穩、準、狠不空回。

四墜三融公自轉，天人合一法自生。

四墜，即肩往腰上墜、腰往胯上墜、胯往膝上墜、膝往腳上墜。三融，即頭要融天、腳要融地、胸要融空。公自轉，就是效法地球在圍繞太陽公轉的同時本身還在自轉。

8. 在戰術上，它以善趨其後、避正打斜、聲東擊西、避實擊虛、指上打下、借力打力、以變應變、以捷制疾等戰術為上。

9. 在理論上，它以「簡易、變易、不易」之易理和「董海川雲盤轉掌三十六歌」「四十八法」之規則為準。

10. 在武德上，它以海納百川之精神、爐火純青之功夫、見義勇為之正氣、尊師重道之美德為訓。

三、梁式八卦掌對走圈的認識和要求

八卦掌亦稱「轉掌」，外人也有形象地稱之為「磨門」的。其原因就是練八卦掌的人，總是左旋右轉不停地繞圈走轉。走圈是各派八卦掌的共同特點。

那麼，走圈對強身健體、技擊抗暴有什麼意義呢？梁式八卦掌認為：

第一，圓運動是符合宇宙萬物自然規律的運動。

天體運動、宇宙變化、晝夜更替、四季循環、生命傳遞、人體結構、時空觀念、社會變遷等一切事物發展變化，從外象到實質，從宏觀到微觀，無一不是圓的運動。遺傳學已經證實了人類的遺傳密碼ＤＮＡ的物質結構是呈正旋與反旋的雙向螺旋形。而八卦掌的走轉，兩足沿圓做公轉運動時是順行向前的，而通過腰、胯做自轉運動時，則是逆行向後的，從整體外觀上也惟妙惟肖地體現了ＤＮＡ這一形態。

董先師強調練八卦掌的人，要苦練轉圈，就是從自然規律和自身武術實踐中所悟出來的一種簡單有效的順其自然、求自然的方法。

第二，圓運動，可以同時有效地提高練功者的身體素質和防暴、抗暴能力。

地球因為不停地環繞太陽做公轉同時自轉的運動，所以天長地久，人類效法地球，經常繞圈走轉，做公轉的同時也做自轉運動，可以使周身各部關節、韌帶、肌肉、血管、臟腑、神經等受到強力旋轉撐拉，從而可以防老抗

衰，提高人體素質，提高健康水準，益壽延年。

因為地球環繞太陽不停地做公轉同時自轉的運動，所以，產生晝夜更替和四季變化———自轉產生晝夜（陰陽），公轉產生四季。晝夜更替和四季變化會產生溫、涼、寒、熱，風、雨、雷、電、地震、火山爆發等各種自然現象。

天體運動規律所產生的各種自然現象，人類可以認識、利用，但不能改變。人類生活在地球上，自覺不自覺地遵循其規律而行。人類效仿天體運動規律，經常做公轉同時自轉的運動，也會產生一些生理和心理上的變化，會使人體各部關節之韌帶鬆長、柔韌、靈通、富於彈性。久練會使自身形成一個旋轉自如的「金剛球體」「萬向軸承」，不但病魔不能入侵，強敵也難侵犯。別人不能碰，一碰就會落空，一碰就會受到跌翻或打擊。

所以，董海川先師在技擊決勝歌訣中強調：「混圓一氣走天涯，八卦真理是我家，招招不離腳變化，站住即為落地花。」就是說按《易》理的要求，按八卦圖所示之方位效法地球，兩腳不停地沿圈做公轉同時自轉的運動，就是八卦掌的生命，符合陰陽大道。否則就會如同一朵鮮花落地了，或如同地球毀滅了。董先師對其武術生涯的總結是「百練不如一走」「走為百練之祖」。已故八卦掌名家李子鳴先生總是強調「走為上策」「走為高」「進了八卦門，要終生走轉不停」。

走圈，既是八卦掌的基本功，又是武術家攀登武學高峰的捷徑。既是祛病強身、益壽延年的最好方法，又是技擊取勝的訣竅。實踐證明，走圈既是最簡單、最理想的運

動養生形式，又是最簡單、最有效的提高技擊本領的好方法。

梁式八卦掌認為，強調走圈有兩個目的，一是透過走圈強化圓的觀念，使「圓」的意識、「圓」的運動、「圓」的反映成為在任何情況下的自然反映。圓的運動練起來既有趣味，又不易疲勞。遇到外力進犯，就會自然出現圓轉自如、不頂不弱、不懈不滯、化打合一的現象。

另一個目的，就是提高腰、腿功夫。從健身的角度講，人老先從腰、腿見，經常走轉，能促進腰、腿的氣血循環，經絡運行，刺激足之三陰三陽和沖、帶、任、督等經絡，可以防老抗衰、益壽延年。可有效地提高人體的平衡能力，防止老年人跌跤和足、膝、韌帶扭傷。從技擊的角度講，力由足發，腰如軸立，「輸贏在腰腿」。經常練走轉，可以使腰腿靈活、穩健，在技擊時可以聲東擊西、進退自如。實踐證明「拳練萬遍，不如天天走轉」。

梁式八卦掌對走轉時的要求有十三個字，即：

一鬆 全身上、下、前、後，所有關節都要節節拉撥、鬆開、掙力。

二擰 要身如擰繩，公轉、自轉同時進行。

三頂 頭要虛頂，舌要上頂，掌根要前頂。

四塌 腰部要有向後、向下之意。

五縮 要求縮穀道（提肛），收尾閭、腹股溝回抽，要收縮眼皮、兩目睜圓，用意念使皮膚和肌肉分開。

六坐 要求膝、胯盡量往下坐。

七撐 要求兩腋、襠、胯都要虛撐。

八裹 要求兩肩、兩肘、兩腎、兩胯要向內裹。

九抱 要求兩膝要相抱，兩肩、兩胯要向內扣。

十沉 要求氣沉丹田，要四墜，即肩往腰上沉墜，腰往胯上沉墜，胯往膝上沉墜，膝往足上沉墜。

十一趟 要求兩足要平起平落，不「揭蹄」（提足跟）、不「亮掌」（翹腳掌），要意注「三里穴」，有趟泥行走之意。

十二摩 要求兩足內側要相摩。

十三合 要求要做到外三合（手與足合、肘與膝合、肩與胯合）、內三合（心與氣合、意與氣合、氣與力合）、天地人三合（頭要融天、腳要融地、胸要融空）。走轉起來既要有隨天而運、隨地而行之悠然，又要有神充天地、意滿環宇之氣勢。時時勢勢要呼吸綿綿、自自然然。

四、梁式八卦掌的主要拳械套路

梁式八卦掌的掌術套路主要有：定式八掌、老八掌、單操八式、單操十三式、連環八肘、六十四變掌式、直趟六十四手、七十二截腿（亦稱暗腿）、八面掌、八卦快捶、八十四掌，以及八卦掌的樁法、步法等。

梁式八卦掌的器械套路有：

八卦轉刀六十四式、八卦滾手刀、八卦左手翻背抹刀、子路刀、八趟走刀、六門刀、雙頭蛇轉槍、八卦轉槍八式、八卦戰身槍、八槍、小十槍、七星杆1～3路、八卦大戟1～8路、八卦崑崙劍1～2路、八卦飛虹劍、八卦子午劍、八卦七星劍、八卦純陽劍、雙股鴛鴦劍、八卦子午

雞爪陰陽銳、八卦子午鴛鴦鉞、八卦雲盤杖 1～2 趟、七節鞭、八卦鉤鐮劍、八卦風火輪、八卦開山大斧、八卦短把銅錘、八卦短鏈銅錘、袖袋錘（暗器，也稱張手雷）等。

梁式八卦掌的對練套路有：八卦六十四掌對練、六把總拿、對練八式、三十四散手掌、對練六十四式、死手八摔、活手八摔、捆手八摔、變式八摔、擒拿連環八法、八卦徒手進屠龍、八卦空手進懷杖、八卦對劈刀（帶環片旋刀）1～4 趟、八卦羅漢對棍、小鷁子十八式、黑鷁子、白鷁子、七路對棍、槍杆對扎等。

五、郭古民、李子鳴是梁式八卦掌承襲發展的主要代表

郭古民，原名恩普，字德蒼。生於 1887 年農曆九月，河北省冀縣城南郭家莊人。14 歲前後來京，在梁振蒲估衣店中學徒。

20 歲時正式從師梁振蒲習八卦掌。後追隨大槍劉（德寬）從學多年，並與尹福之徒曾省三交往甚密，其技藝精純、善使挑掌。

郭先生一生未婚，以傳授八卦掌為業，是梁式八卦掌的主要繼承人之一，又是八卦掌第三代門人中承上啟下的主要人物。除了本身技藝精深外，還與八卦掌其他流派許多師伯、師叔及師兄弟交往密切。

20 世紀 20 年代，先後在崇文區火神廟、宣武區石頭胡同蓮花庵、匯文中學等地執教。抗日戰爭時期，至山東濟南授拳 5 年，任教於軍閥韓復榘軍中。返京後，受聘於西

城輔仁大學。新中國成立後，任北京師範大學武術教師。郭先生在京設場授徒，以此為業，影響極大，北京各式八卦掌第四代年齡較大的門人中，不少人經常到郭先生處學藝，大家都以郭師叔或郭三爺稱之。

八卦掌各流派傳的七星杆、直趟八卦六十四掌，大都是郭老所傳。郭先生對北京各式八卦掌的團結、融合、發展起到了積極的作用。

郭先生曾得曾省三（即毓慧，為尹福弟子，係董先師親自點授的小門生）相贈的董海川秘不傳人的「雲盤轉掌三十六歌」和「四十八法」。「文革」中受到衝擊，生活艱難，幸而得到弟子劉介民、王其昌及師弟李子鳴等人的資助。晚年著有《八卦拳術集成》等稿本。為今日梁式八卦掌技術體系奠定了重要基礎。

1968 年 11 月 5 日在北京西城區定阜師範大學幼兒園內去世，享年 81 歲。其骨灰由弟子蘇深保管。1982 年 4 月，安葬於京西萬安公墓。

目前健在的郭先生弟子還有數十人，如諸葛家葆、李長興、李連興等人都已七八十歲，徒孫數百人，分布在北京、河北、山東、遼寧、吉林、湖北等地。

李子鳴，名鏞，原名李直，字子鳴。生於清光緒二十八年（1902 年）農曆六月二十五日。河北省冀縣李家桃園村人。出身世家，家頗富有，4 歲起隨父李晉印去私塾就讀，並從叔晉卿習拳棒。16 歲至關外祖遺永盛金店學徒。1923 年因病回故里，從師梁振蒲習八卦掌，身體日漸康復。後入河北國術館，得到張占魁、尚雲祥、居慶元等名家點撥。在京與郭古民、李少庵、曾省三、劉志剛等交往

密切，從中所學甚多。

1944 年投身革命，在中共地下黨的領導下，以經商為名，保護革命同志，同敵人開展地下鬥爭。「文革」期間，受到衝擊。平反後，廣收門徒，傳授技藝，同時著書立說，先後編著了《董海川轉掌》《梁振蒲八卦掌》《八卦掌悟通》《八卦掌珍秘錄》等，為今日梁式八卦掌技術體系的定型與完善作出了重大貢獻。

為了保護八卦掌珍貴文物，也是為了尊師敬長、紀念流派傳人、推動流派發展，於 1978 年開始組織門人及海內外同仁克服重重困難，用了兩年多的時間，不但把已被「文革」破壞了的董海川的墓碑從地下挖掘出來，遷到了萬安公墓，而且還把梁振蒲、郭古民等第二代、第三代八卦掌名家的墳墓遷到了萬安公墓，形成了一片八卦掌碑林，成了吸引海內外武術同仁瞻仰、參觀八卦掌文物的聖地，並鮮明地樹起了梁式八卦掌流派的大旗。

1982 年 3 月，李子鳴先生在北京市體委、武協的支持下，經過認真籌備，成立了北京市八卦掌研究會，成為全國第一個單拳種研究會。

李子鳴先生擔任會長以後，帶頭破除保守思想，排除門戶之見，以廣闊無私的胸懷，第一個帶頭在武術刊物上首次公開發表並注釋了八卦掌門歷來秘不外傳的「董海川雲盤轉掌三十六歌」和「四十八法」。對推動全國各拳種對本門派技藝的挖掘、整理、發展、普及工作，起到了極大的促進作用。

為了推動八卦掌的發展，他組織倡導北京市各公園和練功點成立了 21 個八卦掌輔導站傳授八卦掌。並遵照「百

花齊放、百家爭鳴」的方針，創辦了八卦掌研究會會刊，號召各流派傳人，努力挖掘本流派的拳理、拳法精髓，貢獻給廣大八卦掌愛好者，推動八卦掌和八卦文化的發展。耄耋之年的李子鳴先生為了弘揚八卦文化，為了宣傳推廣梁式八卦掌技藝，他廢寢忘食，花費了巨大的精力和資金，對梁式八卦的理論資料和拳械套路進行了科學系統的整理、研究，寫出了很多寶貴文獻，廣為傳播。

他把自己搜集整理的大量的梁式八卦掌的寶貴資料、八卦掌先人軼事，無私奉獻給國內外廣大武術愛好者、大專院校和科研機構。他不辭辛苦，數十年如一日，於國內外四處奔走授徒傳藝，桃李滿天下。

他生前先後被五十餘家武術團體、館社聘為顧問及名譽館長。並先後被聘為中國武協榮譽委員，北京武協副主席、顧問等職，弟子門人遍布各地，且人才輩出。

由於李子鳴先生的不懈努力和貢獻，使梁式八卦掌的真諦為越來越多的人所了解，因而學練梁式八卦掌的人也越來越多。

北京、河北、河南、山東、山西、湖北、安徽、浙江、遼寧、吉林、雲南、臺灣、香港、日本、美國、韓國、澳大利亞、英國、俄羅斯、新加坡等省市、地區和國家均有梁式八卦掌的弟子門人。

據初步統計，目前郭古民、李子鳴先生的弟子門人已有數萬人。李子鳴先生謝世前，不斷有國外武術界人士專程來北京找李子鳴先生學練梁式八卦掌，如日本武術家、醫學博士、全日本中國拳法聯盟會長佐滕金兵衛，以及美國、韓國、新加坡、馬來西亞、臺灣等一些國家和地區的

八卦掌愛好者，都先後多次來京學習、考察梁式八卦掌。透過理論學習和實踐的考察比較，最後都心悅誠服地拜入李子鳴先生門下，成了梁式八卦掌的弟子。

梁式八卦掌的定名，應歸功於李子鳴先生，1968 年郭古民先生去世以後，李子鳴先生與郭老的眾多弟子，如劉介民、王其昌、諸葛家葆、付子斌、高紫英、張兆龍等共同商討，將梁振蒲八卦掌定名為梁式八卦掌，並於 1982 年出版了十六開本《梁式八卦掌》一書。此書的出版發行在全國八卦掌界引起了巨大反映，並廣為流傳，對八卦掌的研究普及起到巨大的推動作用。

1993 年 1 月 23 日李子鳴先生逝世，享年 91 歲。元月 29 日，來自國內外的武術界名人，懷著極其沉痛的心情，聚集在北京八寶山革命公墓一號禮堂內，向李老作最後告別。很多弟子和生前好友痛不欲生。前中國武協主席徐才同志主持了追悼會。前中國武協副主席、北京市武術協會主席劉哲同志致悼詞。不少武術界的知名人士和各拳種門派的老前輩、代表也都參加了追悼會。北京日報、北京晚報、人民日報海外版、《武魂》雜誌等報刊，都先後刊登了訃告或回憶文章。從一位老拳師所贏得的盛譽，可以看出他對武術事業的貢獻和在武術界的威望。

關於梁振蒲先生出生年月一事，在八卦掌內部還有不同的認識。郭古民先生的弟子王洪升先生認為，應將梁振蒲先生的出生年月，從現在認為的 1863 年向前提 10 年，定為 1853 年。他的根據是聽梁振蒲先生的弟子郭古民先生親口說的。

另外，李子鳴先生的弟子王桐先生認為，應將梁振蒲

先生的出生年月，從 1863 年向前提 5 年，定為 1858 年。他的根據是聽梁振蒲先生弟子付振倫先生說的，他（付先生）在入門時聽梁振蒲先生親口說的。

但是，郭古民、付振倫二位前輩均已仙逝，且沒有留下任何文字資料可考，望八卦掌門內知情者據證考定，取得共識。

李子鳴傳——梁式直趟八卦六十四散手掌

附二
怎樣練好八卦散手

八卦散手，也叫八卦散招。它是八卦掌先輩在長期的技擊實踐中總結形成、提煉篩選出來的技擊攻防招法。練習八卦散手必須在練好八卦掌基本功（走圈）和拳術套路的基礎上進行。

若急於求成，則不能充分體現八卦散手的特點，更不能體現出八卦散手在技擊時的奇異效果。

學練八卦散手，大體分四個階段。

第一階段是在有了走圈基本功並熟練地掌握主要套路，如定式八掌、老八掌、六十四掌等基礎上，進行單人有假設敵的攻防練習。即在進行八卦掌單式、組合或套路練習時，設想自己眼前有一個或多個強敵。每招每式，進、退、顧、盼、打、拿、發、摔都要設想是在與強敵進行著生死搏鬥（八卦掌及各門派武術都有「練時眼前似有人，用時眼前似無人」的要求，這是各門派拳術練法的共性）。

第二階段是雙人單式對練，即二人搭手走圈，雙方在繞轉時，按事先選定的固定的攻防招法，進行反覆交換的攻防對練。

第三階段是多式組合的套路進行對練，如按八卦散手六十四掌的套路進行對練，一趟八式，一攻一守，兩人直趟往返或原地轉圈進行攻防互換對練。

第四階段是無一定招法的隨心所欲的攻防對練。即根據對方進攻的招法，因勢利導，隨機應變，因式制宜，進行攻防對抗。

上述四個階段，是練習八卦散手、提高散手技擊技術水準的四個必不可少的階段。

第一個階段強調單人徒手練拳時，要帶著敵情觀念。這不但能進一步提高拳術演練效果，而且能有效地培養技擊意識。這是練習八卦散手的初級階段。

第二階段是在基本功紮實、套路熟練、技擊意識濃厚的基礎上進行的單式招法的攻防對練，是進一步培養技擊意識、鍛鍊臨戰應敵本領的入門階段。

單式招法對練熟了，形成了鞏固的攻防反射信號系統，再進入第三個階段，就是多招多式、連環有續的攻防對練。這就進入了八卦散手的成熟階段。

第四階段是八卦散手的高級階段，在這階段裡，沒有規矩約束，不強調固定招式、固定套路，而強調隨機應變、隨心所欲的自然反映。這個階段必須有上述三個階段的技擊意識、技擊招法的正確熟練的攻防訓練的積累，從懂規矩到脫規矩，從必然到自由。這就較前面三個階段難多了。

當然還有更高更難的散手對抗階段，這就是散手擂臺賽和懲惡揚善的生死搏鬥。

八卦散手較之其他武術門派的散手有如下不同特點：

第一，以「轉」為功

八卦散手和八卦掌拳術一樣，練與用都是以「轉」為功，轉的功夫越深，散手的威力就越大。八卦散手在對敵

李子鳴傳——梁式直趟八卦六十四散手掌

時搭手即轉。轉是為了不和對方正面衝突，是為了擊其斜，攻其後，使對方疲於奔命，首尾不能相顧，不能充分發揮其優勢，總是處於被動局面。轉還可以有效地克服自己在受到對方進攻時，可能形成雙重和滯點。

第二，以「掌」為用

八卦散手強調以用掌為主，因為掌比拳長，「一寸長一寸強」，掌比拳面積小，傷害的威力大。掌的變化多，可抓、可捋、可推、可帶、可勾、可提、可撩、可戳、可劈、可打。

第三，以「動」為法

八卦掌無法，效法自然，動就是法。「混元一氣走天涯，八卦真理是我家，招招不離腳變化，站住即為落地花」。八卦掌強調「以動制靜」。八卦掌的動是強調兩腳不停地走動（如地球之公轉）和周身各處骨節不停地轉動（如地球在公轉的同時自轉），這樣可以以小力勝大力，就可使敵處處受制、處處落空，而我則處處便利、處處隨心所欲。使對方覺得我全身處處都是鈎、處處都有軸、處處如翻版、處處如管湧、處處如電門，一觸就挨打，一觸就落空，一觸就難脫，一觸就反彈，一觸就險象橫生。

第四，以「易」為理

八卦掌以易理為拳理，處處時時強調陰陽相合，以陰助陽，以陽助陰，以進求退，以退求進，合敵之力，助敵之勢，無欲無妄，順其自其，擊其不利，打其要害。

第五，剛柔相濟

「剛在先兮柔後藏，柔在先兮剛後成，剛柔相濟是所長」。八卦掌的柔就是「轉」，就是「誆」。「你不來我

要來，你要來我閃開」，「搭手交十字，邁步必循圓」，八卦掌的剛就是點和踏，「先戳後打使腕骨，鬆膀長腰跟步鑽」。打人如魚撞網，擊人如蜻蜓點水，全身氣血如水銀之流動，進攻時要以意念把全身之勁力湧灌於指端和掌根。在用身體每一處擊打對方時也是如此，都要全身放鬆、圓轉自如，只是瞬間把剛意灌注於擊打之點。

第六，聲東擊西，指山打磨

八卦掌的技擊術除了不和敵人正面衝突外，還特別強調不守呆勢、不守空。要聲東擊西，指山打磨，穿花打柳，脫身化形，敵慢我快，敵快我慢，敵進我退，敵退我進，敵疲我打，敵住我擾；要審勢知變，以逸待勞，以巧制拙，以捷制疾，見縫插針，集中優勢，打其薄弱，讓敵辨不清虛實，摸不著頭腦，站不穩腳跟，發不出力量，使不出招法。

要想練好八卦散手，既要苦練其功，更要窮究其理。八卦散手是一種融健身、技擊與挖掘人體潛能於一體的武術運動形式，是一門從理論到實踐，非常系統、非常成熟的技擊抗暴科學。它充滿了哲學、力學、心理學、生理學、醫學等現代科學原理，是人體科學的寶貴遺產。

大展出版社有限公司
品冠文化出版社

圖書目錄

地址：台北市北投區 (石牌)　　電話：(02) 28236031
　　　致遠一路二段 12 巷 1 號　　　　28236033
郵撥：01669551＜大展＞　　　　　　28233123
　　　19346241＜品冠＞　　　傳真：(02) 28272069

・熱 門 新 知・品冠編號 67

1.	圖解基因與 DNA	（精）	中原英臣主編	230 元
2.	圖解人體的神奇	（精）	米山公啟主編	230 元
3.	圖解腦與心的構造	（精）	永田和哉主編	230 元
4.	圖解科學的神奇	（精）	鳥海光弘主編	230 元
5.	圖解數學的神奇	（精）	柳 谷 晃著	250 元
6.	圖解基因操作	（精）	海老原充主編	230 元
7.	圖解後基因組	（精）	才園哲人著	230 元
8.	圖解再生醫療的構造與未來		才園哲人著	230 元
9.	圖解保護身體的免疫構造		才園哲人著	230 元

・生 活 廣 場・品冠編號 61

1.	366 天誕生星	李芳黛譯	280 元
2.	366 天誕生花與誕生石	李芳黛譯	280 元
3.	科學命相	淺野八郎著	220 元
4.	已知的他界科學	陳蒼杰譯	220 元
5.	開拓未來的他界科學	陳蒼杰譯	220 元
6.	世紀末變態心理犯罪檔案	沈永嘉譯	240 元
7.	366 天開運年鑑	林廷宇編著	230 元
8.	色彩學與你	野村順一著	230 元
9.	科學手相	淺野八郎著	230 元
10.	你也能成為戀愛高手	柯富陽編著	220 元
11.	血型與十二星座	許淑瑛編著	230 元
12.	動物測驗—人性現形	淺野八郎著	200 元
13.	愛情、幸福完全自測	淺野八郎著	200 元
14.	輕鬆攻佔女性	趙奕世編著	230 元
15.	解讀命運密碼	郭宗德著	200 元
16.	由客家了解亞洲	高木桂藏著	220 元

・女醫師系列・品冠編號 62

| 1. | 子宮內膜症 | 國府田清子著 | 200 元 |
| 2. | 子宮肌瘤 | 黑島淳子著 | 200 元 |

3. 上班女性的壓力症候群	池下育子著	200 元
4. 漏尿、尿失禁	中田真木著	200 元
5. 高齡生產	大鷹美子著	200 元
6. 子宮癌	上坊敏子著	200 元
7. 避孕	早乙女智子著	200 元
8. 不孕症	中村春根著	200 元
9. 生理痛與生理不順	堀口雅子著	200 元
10. 更年期	野末悅子著	200 元

・傳統民俗療法・品冠編號 63

1. 神奇刀療法	潘文雄著	200 元
2. 神奇拍打療法	安在峰著	200 元
3. 神奇拔罐療法	安在峰著	200 元
4. 神奇艾灸療法	安在峰著	200 元
5. 神奇貼敷療法	安在峰著	200 元
6. 神奇薰洗療法	安在峰著	200 元
7. 神奇耳穴療法	安在峰著	200 元
8. 神奇指針療法	安在峰著	200 元
9. 神奇藥酒療法	安在峰著	200 元
10. 神奇藥茶療法	安在峰著	200 元
11. 神奇推拿療法	張貴荷著	200 元
12. 神奇止痛療法	漆 浩 著	200 元
13. 神奇天然藥食物療法	李琳編著	200 元

・常見病藥膳調養叢書・品冠編號 631

1. 脂肪肝四季飲食	蕭守貴著	200 元
2. 高血壓四季飲食	秦玖剛著	200 元
3. 慢性腎炎四季飲食	魏從強著	200 元
4. 高脂血症四季飲食	薛輝著	200 元
5. 慢性胃炎四季飲食	馬秉祥著	200 元
6. 糖尿病四季飲食	王耀獻著	200 元
7. 癌症四季飲食	李忠著	200 元
8. 痛風四季飲食	魯焰主編	200 元
9. 肝炎四季飲食	王虹等著	200 元
10. 肥胖症四季飲食	李偉等著	200 元
11. 膽囊炎、膽石症四季飲食	謝春娥著	200 元

・彩色圖解保健・品冠編號 64

1. 瘦身	主婦之友社	300 元
2. 腰痛	主婦之友社	300 元
3. 肩膀痠痛	主婦之友社	300 元

4.	腰、膝、腳的疼痛	主婦之友社	300 元
5.	壓力、精神疲勞	主婦之友社	300 元
6.	眼睛疲勞、視力減退	主婦之友社	300 元

·心 想 事 成· 品冠編號 65

1.	魔法愛情點心	結城莫拉著	120 元
2.	可愛手工飾品	結城莫拉著	120 元
3.	可愛打扮 & 髮型	結城莫拉著	120 元
4.	撲克牌算命	結城莫拉著	120 元

·少 年 偵 探· 品冠編號 66

1.	怪盜二十面相	（精）	江戶川亂步著	特價 189 元
2.	少年偵探團	（精）	江戶川亂步著	特價 189 元
3.	妖怪博士	（精）	江戶川亂步著	特價 189 元
4.	大金塊	（精）	江戶川亂步著	特價 230 元
5.	青銅魔人	（精）	江戶川亂步著	特價 230 元
6.	地底魔術王	（精）	江戶川亂步著	特價 230 元
7.	透明怪人	（精）	江戶川亂步著	特價 230 元
8.	怪人四十面相	（精）	江戶川亂步著	特價 230 元
9.	宇宙怪人	（精）	江戶川亂步著	特價 230 元
10.	恐怖的鐵塔王國	（精）	江戶川亂步著	特價 230 元
11.	灰色巨人	（精）	江戶川亂步著	特價 230 元
12.	海底魔術師	（精）	江戶川亂步著	特價 230 元
13.	黃金豹	（精）	江戶川亂步著	特價 230 元
14.	魔法博士	（精）	江戶川亂步著	特價 230 元
15.	馬戲怪人	（精）	江戶川亂步著	特價 230 元
16.	魔人銅鑼	（精）	江戶川亂步著	特價 230 元
17.	魔法人偶	（精）	江戶川亂步著	特價 230 元
18.	奇面城的秘密	（精）	江戶川亂步著	特價 230 元
19.	夜光人	（精）	江戶川亂步著	特價 230 元
20.	塔上的魔術師	（精）	江戶川亂步著	特價 230 元
21.	鐵人Q	（精）	江戶川亂步著	特價 230 元
22.	假面恐怖王	（精）	江戶川亂步著	特價 230 元
23.	電人M	（精）	江戶川亂步著	特價 230 元
24.	二十面相的詛咒	（精）	江戶川亂步著	特價 230 元
25.	飛天二十面相	（精）	江戶川亂步著	特價 230 元
26.	黃金怪獸	（精）	江戶川亂步著	特價 230 元

·武 術 特 輯· 大展編號 10

| 1. | 陳式太極拳入門 | 馮志強編著 | 180 元 |
| 2. | 武式太極拳 | 郝少如編著 | 200 元 |

48. 太極拳習練知識問答　　　　邱丕相主編　220 元
49. 八法拳 八法槍　　　　　　　武世俊著　220 元
50. 地趟拳＋VCD　　　　　　　張憲政著　350 元
51. 四十八式太極拳＋DVD　　　楊　靜演示　400 元
52. 三十二式太極劍＋VCD　　　楊　靜演示　300 元
53. 隨曲就伸 中國太極拳名家對話錄　余功保著　300 元
54. 陳式太極拳五功八法十三勢　　鬫桂香著　200 元
55. 六合螳螂拳　　　　　　　　劉敬儒等著　280 元
56. 古本新探華佗五禽戲　　　　劉時榮編著　180 元
57. 陳式太極拳養生功＋VCD　　陳正雷著　350 元
58. 中國循經太極拳二十四式教程　李兆生著　300 元
59. ＜珍貴本＞太極拳研究　　唐豪・顧留馨著　250 元
60. 武當三豐太極拳　　　　　　　劉嗣傳著　300 元
61. 楊式太極拳體用圖解　　　　崔仲三編著　400 元
62. 太極十三刀　　　　　　　　張耀忠編著　230 元
63. 和式太極拳譜＋VCD　　　　和有祿編著　450 元
64. 太極內功養生術　　　　　　　關永年著　300 元
65. 養生太極推手　　　　　　　黃康輝編著　280 元
66. 太極推手祕傳　　　　　　　　安在峰編著　300 元
67. 楊少侯太極拳用架真詮　　　　李璉編著　280 元
68. 細說陰陽相濟的太極拳　　　　林冠澄著　350 元
69. 太極內功解祕　　　　　　　祝大彤編著　280 元
70. 簡易太極拳健身功　　　　　　王建華著　200 元
71. 楊氏太極拳真傳　　　　　　　趙斌等著　380 元
72. 李子鳴傳梁式直趟八卦六十四散手掌　張全亮編著　200 元
73. 炮捶 陳式太極拳第二路　　　顧留馨著　330 元

・彩色圖解太極武術・ 大展編號 102

1. 太極功夫扇　　　　　　　　李德印編著　220 元
2. 武當太極劍　　　　　　　　李德印編著　220 元
3. 楊式太極劍　　　　　　　　李德印編著　220 元
4. 楊式太極刀　　　　　　　　　王志遠著　220 元
5. 二十四式太極拳（楊式）＋VCD　李德印編著　350 元
6. 三十二式太極劍（楊式）＋VCD　李德印編著　350 元
7. 四十二式太極劍＋VCD　　　李德印編著　350 元
8. 四十二式太極拳＋VCD　　　李德印編著　350 元
9. 16 式太極拳 18 式太極劍＋VCD　崔仲三著　350 元
10. 楊氏 28 式太極拳＋VCD　　　趙幼斌著　350 元
11. 楊式太極拳 40 式＋VCD　　　宗維潔編著　350 元
12. 陳式太極拳 56 式＋VCD　　　黃康輝等著　350 元
13. 吳式太極拳 45 式＋VCD　　　宗維潔編著　350 元
14. 精簡陳式太極拳 8 式、16 式　黃康輝編著　220 元
15. 精簡吳式太極拳＜36 式拳架・推手＞　柳恩久主編　220 元

國家圖書館出版品預行編目資料

李子鳴傳梁式直趟八卦六十四散手掌／張全亮　編著
　　——初版，——臺北市，大展，2005〔民 94〕
　　面；21 公分，——（武術特輯；72）
　　ISBN 957-468-422-9（平裝）

1.拳術—中國

528.972　　　　　　　　　　　　　　94019698

李子鳴傳 梁式直趟八卦六十四散手掌 ISBN 957-468-422-9

編　　著／張 全 亮
責任編輯／洪 宛 平
發 行 人／蔡 森 明
出 版 者／大展出版社有限公司
社　　址／台北市北投區（石牌）致遠一路 2 段 12 巷 1 號
電　　話／（02）28236031・28236033・28233123
傳　　眞／（02）28272069
郵政劃撥／01669551
網　　址／www.dah-jaan.com.tw
E - mail／service@dah-jaan.com.tw
登 記 證／局版臺業字第 2171 號
承 印 者／高星印刷品行
裝　　訂／建鑫印刷裝訂有限公司
排 版 者／弘益電腦排版有限公司
授 權 者／北京人民體育出版社
初版 1 刷／2005 年（民 94 年）12 月

定　價／200 元

●本書若有破損、缺頁敬請寄回本社更換●

大展好書　好書大展
品嘗好書　冠群可期

大展好書　好書大展

品嘗好書　冠群可期